CHINA'S PROVINCIAL
URBAN SCALE SYSTEM

本书出版受 2016 年国家哲学社会科学基金项目
"中国省域城市规模多元测度、空间计量分析
与均衡发展研究"（16BJY047）资助

曹飞 著

中国省域城市规模体系

多元测度、影响因素与均衡发展

MULTIPLE MEASURES,
INFLUENCING FACTORS AND
BALANCED DEVELOPMENT

社会科学文献出版社
SOCIAL SCIENCES ACADEMIC PRESS (CHINA)

摘　要

改革开放以来，城镇化对促进我国经济发展、社会进步、生态改善以及社会治理体系和治理能力现代化等均起到了重要的作用。但随着城镇化的快速推进，以及经济社会的快速转型，城市公共服务相对滞后、能源资源短缺、犯罪率上升、房价高企、交通堵塞等"城市病"也逐渐显露出来。如何解决各种类型的"城市病"，推进城镇化健康发展是理论界和实务界共同关注的问题。应该说，出现"城市病"的原因是多方面的，但城市规模体系不合理则是重要的原因之一。因此，优化城市规模体系，无论是对城市个体发展的提质增效，还是对城市体系的协调发展，均具有重要的现实意义。

就城市规模体系的外延来看，城市规模体系不仅包括人口规模体系，而且包括土地规模体系和经济规模体系。对省域城市规模体系的长时段多元测度，有助于掌握我国各省区较长时段城市规模体系的历史演进，而进行空间分异的比较研究，通过对人口规模体系和土地规模体系相关指标的影响因素分析，则有助于理解城市人口规模体系和土地规模体系形成与发展的机理，为制定有针对性的政策提供参考依据。

基于上述考虑，本书从区域经济学、城市经济学、发展经济学等多学科出发，详细追溯了城市规模问题的历史由来，梳理了城市规模体系的理论逻辑与形成机理，从方法论的角度阐述了城市位序-规模、城市首位度以及城市非均衡性的各项指标及其测度方法，并从区域整体性理论、城市规模均衡发展理论、主体功能区理论和区域差异性理论出发，夯实了城市规模体系测度的理论基础。

在实证分析方面，本书对人口规模体系、土地规模体系和经济规模体系进行了多元和多指标测度，并从区域差异性和指标差异性两个方面对测度结果展开分析。

从区域差异性来看，无论是人口规模体系还是土地规模体系，抑或是经济规模体系，我国城市规模体系的齐普夫指数、城市首位度和城市分布的非均衡性在空间上总体呈现从西向东递减的态势，经济越发达的地区，城市规模体系的分布越均衡。东部地区的各项指标值均较小，即相对于中部和西部地区来说，东部地区的高位序城市优势不足，首位城市控制力不强，区域内差异性不大。就中部和西部地区来说，西部地区除个别指标值小于中部地区外，大部分指标值大于中部地区，即西部地区的高位序城市更为突出，首位城市控制力更强，区域内差异性更大。

从指标差异性来看，无论是东部地区还是西部地区，抑或是具体某一个省区，均体现出经济规模体系各项指标值最大、土地规模体系各项指标值居中、人口规模体系各项指标值最小的特征。具体来说，经济规模体系的齐普夫指数最大，土地规模体系的齐普夫指数居中，人口规模体系的齐普夫指数最小。经济规模体系的高位序城市优势最为突出，土地规模体系的高位序城市优势居中，人口规模体系的高位序城市优势最不突出。从城市首位度来看，无论是二城市指数、四城市指数还是全城市指数，均体现出经济规模体系的城市首位度最大，首位城市的主导地位最强；土地规模体系的城市首位度居中，首位城市的主导地位居中；人口规模体系的城市首位度最小，首位城市的主导地位最弱。从区域非均衡性来看，无论是基尼系数、HH指数还是离散系数，均是经济规模体系的非均衡性最大，土地规模体系的非均衡性居中，人口规模体系的非均衡性最小。

在影响因素分析方面，本书以人口规模体系和土地规模体系的齐普夫指数、全城市指数及基尼系数为被解释变量，从城乡二元结构、经济因素、政府支出、建成区面积、外向度、通达性六个方面选取 15 个因子进行影响因素分析，阐述各个变量的影响机理及区域差异。

在政策应对方面，本书根据城市规模基础理论及实证分析结果，结合中国各省区实际情况，提出城市规模体系均衡发展的实现路径：以坚持区域统筹兼顾作为实现城市规模体系均衡发展的出发点；以提高县域城镇化质量作为实现城市规模体系均衡发展的根基；以坚持城市群主体形态作为实现城市规模体系均衡发展的有效载体；以推动人口城镇化与土地城镇化协调发展作为实现城市规模体系均衡发展的必然要求。

关键词： 中国省域　城市规模体系　多元测度　均衡发展

目　录

第一章　绪论　…………………………………………………… 001

第一节　理论价值与现实价值　………………………… 001

第二节　城市规模体系研究的由来与述评　………… 005

第三节　研究设计与研究方法　………………………… 024

第二章　城市规模体系均衡发展的相关概念界定与理论基础　…… 029

第一节　城市规模体系相关概念界定　………………… 029

第二节　城市规模体系均衡发展的基础理论　………… 032

第三节　城市规模体系测度的基本理论　……………… 034

第三章　中国省域城市规模体系的多元测度　………… 041

第一节　中国省域城市人口规模体系的多元测度　… 041

第二节　中国省域城市土地规模体系的多元测度　… 055

第三节　中国省域城市经济规模体系的多元测度　… 066

第四章　中国省域城市规模体系的多元截面分析　…… 077

第一节　基于城市位序-规模的齐普夫指数比较分析　… 077

第二节　基于城市首位度的比较分析　………………… 083

第三节　基于城市规模体系均衡度的比较分析　……… 098

第五章　中国省域城市规模体系的影响因素分析 ················ 114

　　第一节　变量选取与数据来源 ·························· 114

　　第二节　中国省域城市人口规模体系的影响因素分析 ········ 124

　　第三节　中国省域城市土地规模体系的影响因素分析 ········ 145

第六章　中国省域城市规模体系均衡发展的实现路径 ········ 166

　　第一节　坚持区域统筹兼顾是实现城市规模体系

　　　　　　均衡发展的出发点 ·························· 166

　　第二节　提高县域城镇化质量是实现城市规模体系

　　　　　　均衡发展的根基 ························ 178

　　第三节　坚持城市群主体形态是实现城市规模体系

　　　　　　均衡发展的有效载体 ·················· 184

　　第四节　推动人口城镇化与土地城镇化协调发展是

　　　　　　实现城市规模体系均衡发展的必然要求 ········ 192

参考文献 ·· 198

第一章　绪论

第一节　理论价值与现实价值

一　选题背景

改革开放 40 多年来，我国经济快速增长，城镇化水平不断提高。1980 年，我国的人口城镇化率为 19%，到 2020 年底，我国的人口城镇化率已达 63.89%，人口城镇化率提高了近 45 个百分点。可以说，改革开放以来，城镇化对促进我国经济发展、社会进步、生态改善以及社会治理体系和治理能力现代化等均起到了重要的作用。

但随着城镇化的快速推进，以及经济社会的快速转型，城市公共服务相对滞后、能源资源短缺、犯罪率上升、房价高企、交通堵塞等"城市病"也逐渐显露出来。如何解决各种类型的"城市病"，推进城镇化健康发展是理论界和实务界共同关注的问题。应该说，出现"城市病"的原因是多方面的，但城市规模体系不合理则是重要的原因之一。

理论界关于城市规模的选择主要有三种理论——"大城市派""小城镇派""中等城市派"。"大城市派"认为大城市的规模经济优势最强，应发挥其龙头作用，积极发展大城市有助于发挥其增长极作用与辐射带动作用；"小城镇派"主张积极发展小城镇，理由是小城镇有助于降低城镇化成本、缓解大城市的"城市病"、实现农民就地城镇化，即所谓的"离土不离乡，进厂不进城"；"中等城市派"则认为，中等城市相比小城镇更能实现规模经济，相比大城市又可避免"城市病"，因此应该以发展中等城市为主。

实际上，上述观点都有偏颇。城市规模体系是一个有机的整体，大中小城市在城市规模体系中占据各自的位置，相互补充、缺一不可。合理的城市规模体系，意味着不同城市间形成分工合理的状态，这对区域经济协调发展具有重要作用（陆铭等，2011）。党的十九大报告也明确提出要以城市群为主体构建大中小城市和小城镇协调发展的城镇格局。但从全国的角度来看，理论界和实务界均认为，大城市过大、小城市过小是中国城市规模体系的现实现照。例如，刘爱梅（2011）基于城市人口规模体系的研究发现，我国城市存在特大城市规模膨胀（"过大化"）与中小城市、小城镇相对萎缩（"过小化"）并存的两极化倾向。姚士谋等（2014）认为大中小城市发展差距扩大是突出的矛盾。大城市空间无序扩张，房价畸高，交通拥堵，环境恶化；而中小城市的建设相对滞后，城市功能缺失。魏守华等（2015）则认为城市规模体系呈现中等规模城市的"塌陷"特征，中国城市规模体系优化的重点是加快发展具有一定集聚效应但公共服务相对滞后的中等城市。陈玉和孙斌栋（2017）则认为良好的互补协调关系尚未在大中小城市之间形成。

上述学者均认为大城市由于集聚优势和行政级别优势而出现快速增长，而小城镇则由于资源禀赋和行政级别的相对劣势而逐渐萎缩，因此均强调应优化城镇规模结构，增强中心城市辐射带动功能，加快发展中小城市，有重点地发展小城镇，促进大中小城市和小城镇协调发展。

相对于全国性城市规模体系的研究，对省域城市规模体系长时段的研究相对较少，主要原因是省域城市规模体系研究涉及的省份多、指标多、年限长，数据收集困难。另外，由于各省份经济社会发展的非均衡性与非同步性，无法用同一个标准去评价其城市规模体系的合理性。中国城市规模分布变化规律既遵循城市规模分布的普遍规律，又具有自己的独特性。因此，实证动态分析中国城市规模分布及其影响因素，不仅能够为深入研究中国城市规模分布及其变化规律提供新的实证，而且对中国城市规模体系的发展和完善具有重要的现实意义与理论价值（曹跃群、刘培森，2011）。

基于此，本书通过构建中国省域城市规模体系测度的理论基础，对中国省域城市规模体系进行多元测度与影响因素分析，并提出中国省域城市规模体系均衡发展的对策建议，希望在理论上丰富城市规模体系的相关研究，在实践上为促进省域城市规模体系均衡发展提供一定的参考依据。

二 理论价值

关于城市规模的研究文献十分丰富，这些研究总体上来讲既包括微观上对单个城市最优规模的研究，也包括宏观上对城市规模体系的研究。微观上的最优城市规模研究对于辩证地看待城市的集聚效应与负外部性有一定的合理性，有助于从理论上为城市规模的扩张或者收缩提供参考依据。但是事实上，城市规模的形成与发展既受到城市发展的历史基础、宗教信仰、传统文化等"软件"方面的影响，也受到诸如区位条件、资源禀赋、政治体制、发展阶段等"硬件"方面的影响，经济学家、地理学家、人口学家从不同的角度测度或者论证最优城市规模，得出的结论往往相互矛盾。这种矛盾不仅体现为同一时代、不同地区的最优城市规模是有差异的，而且体现为即便是同一座城市，在其发展的不同阶段，其最优规模也是不一致的。究其原因，在于任何一座城市的规模无论是自发的演化还是自觉的设计都会受到众多变量的影响，即使这些变量可以穷尽，而且这些变量无法完全量化，从而难以测得其最优规模，这样就导致最优城市规模测度本身的普遍适用性被质疑。从政策可行性角度来看，即使在理论上存在最优规模，但无法通过强制性手段施加人口的限制或者大规模的行政移民，尤其是市场在资源配置中发挥决定性作用的情况下更是如此。因此，当前对城市规模的研究主要基于城市规模体系，而不是对单个最优城市规模的研究。

首先，当前对城市规模体系的测度更多的是方法论层面的应用研究，而对城市规模体系的测度本身需要厚实的理论基础做依托。就理论基础来说，城市规模体系的形成和发展是区域经济、政治文化、社会生态及其历史演化的结果，对城市规模体系的测度则是各种区域综合因素共同作用的外在体现。因此，对城市规模体系的测度、界定或者分析需要区域经济学、城市经济学、发展经济学的理论依托，通过加强区域经济增长理论、中心地理论及城市规模体系理论的深入研究，夯实城市规模体系在测度分析方法方面的理论基础。

其次，从城市规模体系测度的具体指标来看，大多文献集中于齐普夫指数和城市首位度。实际上，城市规模体系测度的指标是多元的，既包括体现位序-规模的齐普夫指数，也包括体现首位城市控制力的二城市指数、四城市指数、全城市指数，还包括表征城市规模体系均衡程度的基尼系数、HH指数和离散系数。因此，通过多元指标来表征城市规模体系的均衡程度，有助于丰富城市规模体系测度指标体系。

最后，对于城市规模体系的各种测度方法，如城市首位度测度方法、齐普夫指数测度方法和非均衡性测度方法等，不能生搬硬套公式，应充分考虑中国区域经济发展的非均衡性事实，不能简单地做出城市规模体系合理或者不合理的判断。其理由是，城市规模体系的形成和发展既是一定历史时期城市发展的体现，也是某一区域经济发展集中或者分散的体现，对其合理性或者有效性的评价不能局限于齐普夫指数或者城市首位度的大小。对各省区城市规模体系的评价应体现动态性与静态性的统一、普遍性与特殊性的统一、局域性与全域性的统一。

三 现实价值

从现有文献研究的对象和时间跨度来看，对中国省域城市规模体系长时段研究的文献非常少。可能的原因是数据收集困难，即便是对某一省区某一年份的城市规模指标进行测度，也需要获得该省区该年份所有城市的相应指标。而对一个国家所有省区城市规模体系各项指标进行长时段的测度，则需要的数据更多。

从研究的范围来看，就城市规模体系的外延而言，城市规模体系不仅包括人口规模体系，而且包括土地规模体系和经济规模体系。但实际情况是，大多数研究聚焦人口规模体系，对土地规模体系和经济规模体系的研究非常少。对城市规模体系进行人口规模体系、土地规模体系和经济规模体系的多元测度，有助于准确掌握城市规模体系的全貌。

从政策应对的科学性、实用性与可行性来看，城市规模体系的均衡发展需要考虑各省区的实际情况。要真正实现大中小城市的均衡发展，需要城市空间布局与国家主体功能区规划的均衡发展，需要东部、中部、西部地区的均衡发展，需要充分发挥县域城镇化的基底作用，需要发挥城市群作为城镇化形态的主体功能，需要人口城镇化与土地城镇化的均衡发展。

第二节　城市规模体系研究的由来与述评

一 城市规模问题的由来

自从有了城市，城市规模问题便进入了人们的视野。早期对城市规模的适宜性研究主要是从单个城市展开的，涉及的学科比较多元。

早在两千多年前，古希腊哲学家柏拉图就在《理想国》一书中提出人口应有"最佳限度"，并在《法律篇》一书中把一国城邦最佳的人口数量定为5040人。而古希腊哲学家亚里士多德则认为城邦人口适当的限度是达成自给生活所需和观察所能遍及的人口，以不超过1万人为宜（陈俊生，2009）。

在我国，关于城市规模的研究可以追溯到春秋战国时期，那时的城市规划已开始根据城市腹地的支撑能力来确定城市规模。据《礼记·王制》记载，"凡居民，量地以制邑，度地以居民，地、邑、民居，必参相得也"。意思是城市规模的大小要根据区域面积的大小来确定，而一定区域的居民数量取决于土地面积的大小，城市规模、土地面积与人口规模要均衡发展。《管子》继承和发展了"地、邑、民居，必参相得也"的城邑规划传统，提出"夫国城大而田野浅狭者，其野不足以养其民。城域大而人民寡者，其民不足以守其城"（周健，2007）。意思是如果城市规模太大而腹地太小，则腹地的物产不足以养活城市人口；反过来说，如果区域面积广大而人口规模太小，则人口不足以守卫城市。总而言之，古代思想家关于城市规模的论述具有超强的预见性和科学性。

相对来说，工业化以后的城市规模问题与前工业化时期的城市规模问题具有明显的不同。工业化以后的城市规模问题主要是由城镇化及城市规模过大造成的，如城乡差距扩大、城市失业率与犯罪率上升、城市环境遭到破坏与资源紧缺、城市治理成本上升等问题，这些问题涉及基于"城市病"的城市规模、基于城市蔓延的城市规模、基于公共产品的城市规模、基于城乡一体化的城市规模等。从城市规模的优化路径来看，已经突破了过去对单一城市规模的论证，转而走向从区域经济协同发展、城乡一体化、城市规模体系的角度来化解问题。其进步意义在于，单一的最优城市规模在现实中很难量化，而且任何城市都是在与区域经济以及城市体系的人流、物流、资本流、信息流的对流交换中不断变化的，因此应从城市体系的角度研究城市规模，分析城市规模体系的动态变化及其结构特征。

二 国外研究现状与述评

（一）城市规模分布的基础理论研究

如前文所述，城市既是区域经济增长的重心，也是区域经济综合实力的反映。因此，对城市规模的分析，应从区域经济和城市体系的角度予以研究。

1. "田园城市"理论与中心地理论

英国社会活动家霍华德（Howard）于1898年提出的关于理想的"田园城市"的规划设想，强调城市和乡村的和谐发展（埃比尼泽·霍华德，2000），是最早从城市体系的角度思考城市发展方向的理论，之后其追随者恩温（Unwin）将其理论发展为"卫星城"理论，在大城市规划建设的实践中广泛应用。1918年，著名学者沙里宁（Saarinen）针对大城市过度膨胀带来的各种弊端提出了有机疏散理论，以减轻城市集中过度造成的弊病，该理论为城市发展和布局结构提供了有益的参考（伊利尔·沙里宁，1986）。以上学者的思想都是基于有条理的城市规划体系，均主张有效疏散大城市人口，解决人口过度集中带来的弊端，是城市体系规划的启蒙。相对来说，后来兴起的中心地理论由于较强的理论分析与论证，逐渐成为城市规模体系研究的基础性理论。

中心地理论最早由德国地理学家克里斯塔勒（Christaller）于1933年基于对德国南部城市和中心聚落的大量调查研究提出，采用六边形图式对城镇等级与规模关系的形成和发展进行理论性概括（沃尔特·克里斯塔勒，1998）。该理论模型的假设条件是，在一个均质分布的区域内，所有的点都有同等的机会接受中心地的影响，且由于这是一个均质分布的区域，因此任何两点之间的通达性只与二者的距离有关，而与方向无关。克里斯塔勒中心地的规模和结构在市场原则、交通原则和行政原则的支配下得以形成，不同的支配原则对应不同的中心地结构，中心地和服务范围大小的等级顺序有着严格的规定。他提出中心地的数量取决于中心地的等级，而中心地的等级同时又决定了中心地向周边区域所提供的服务和商品的种类与数量；中心地的等级与服务范围正相关，而与中心地的数量负相关。克里斯塔勒的理论合理诠释了一定区域内不同规模等级的中心地的分布规律和结构特性，提出了合理的城市体系中城市等级、规模结构和数量之间的关系。

后来的研究都是对克里斯塔勒中心地理论的进一步验证或者是对其理论的进一步完善。Fujita、Krugman 和 Mori（1999）认为聚集力来源于商品制造的多样化，而农业腹地膨胀导致的制造业生产成本及销售成本上升必然会促进工业中心的分散化，当经济分工包含多组的制造品，且人口规模随着经济发展而逐步增长时，一个克里斯塔勒型分级城镇体系将以自组织的方式出现。Hsu（2012）以中心地理论为基础，验证了齐普夫（Zipf）法则在城市空间模型中的有效性，证明在城市体系中，不同等级的城市承担不同的区位职能，而这正是克里斯塔勒中心地理论的基本思想，也说明齐普夫法则和中心地理论是高度吻合的。

尽管中心地理论是建立在理想的假设条件下的城市体系基础理论，但它在一定程度上反映了区域内城市等级、规模、职能间的关系，历史和现实也已经证明了该理论的进步意义。

中心地理论的进步意义在于以下几个方面。首先，突破了单个最优城市规模的窠臼，开始从区域经济、城市体系的角度研究城市，实现了城市规模研究的外向视角。其次，客观地指出不同的中心地尽管都为周边的腹地提供产品和服务，但是提供产品和服务的种类与范围是有差别的，从而导致不同等级的中心地地位，即不同等级的城市规模。最后，指出不同等级的城市应该有一定的比例关系，尽管这种比例关系不一定完全按照克里斯塔勒所认为的那种严格的比例关系，但无论从历史还是现实的角度来看，各类城市之间确实有一定的比例关系，而且城市等级越高，城市数量就越少；城市等级越低，城市数量就越多。

2. 增长极理论

增长极理论最早由法国经济学家佩鲁（Perroux）提出，该理论打破了经济均衡分析的新古典传统，为区域经济发展理论提供了新思路。该理论的主要观点是，区域经济发展应该主要依靠条件较好的少数地区和少数产业带动，应把少数区位条件好的地区和少数条件好的产业培育成经济增长极。对于一个经济发展阶段较低或者处于起步阶段的国家和地区来说，过于均衡的发展战略将导致所有地方都得不到发展。增长极的极化效应和扩散效应，可以影响和带动周边地区和其他产业的发展。增长极的极化效应主要表现为资金、技术、人才等生产要素向极点聚集，扩散效应主要表现为生产要素向外围转移。在发展的初级阶段，极化效应是主要的，当增长极发展到一定程度后，极化效应减弱，扩散效应力增强。增长极理论主张通过政府的作用来集中投资，加快若干条件较好的区域或产业的发展，进而带动周边地区或其他产业发展（谢晓波，2004）。

增长极理论的着眼点在于通过集中培育优势产业和优势区域，带动区域内整体产业及区域经济的发展。应该说，在经济发展的初期阶段，集中优势资源进行增长极的培育具有重要的意义，各国工业化的历史和经济实践都已经证明了这一点。该理论对于城市规模体系的意义在于，由于城市是区域内经济社会发展的空间承载，因此从某种意义上来说，对增长极的培育就是对中心城市的培育。增长极理论对于城市规模体系的意义还在于，由于增长极的培育往往在经济发展的初期阶段，因此增长极的培育意味着中心城市的极化效应，具有较高的城市首位度；反过来说，根据城市首位度的大小，也可以在某种程度上反映该区域内经济发展的阶段和水平。

3. 点轴开发理论

点轴开发理论最早由波兰经济学家萨伦巴和马利士提出，该理论是增长极理论的延伸，在重视"点"（中心城镇或经济发展条件较好的区域）的增长极作用的同时，还强调"点"与"点"之间的"轴"，即交通干线的作用。事实上各地增长极并不是孤立存在的，通过增长极之间的"轴"实现人流、物流、信息流、资金流和能源流的互动，不仅对各个增长极具有促进作用，对轴线上的工业点、居民点、商业点的带动作用也十分明显，并能促进城市规模体系的均衡发展。改革开放以来，我国的生产力布局和区域经济开发基本上是按照点轴开发的战略模式逐步展开的。我国的点轴开发模式最初由中国科学院地理科学与资源研究所陆大道提出并系统阐述，他主张我国应重点开发沿海轴线和长江沿岸轴线，以此形成"T"字形战略布局（许学强等，1997）。尽管点轴开发理论本来的出发点是促进区域协调发展，但由于城市是区域经济社会发展的中心和关键节点，因此点轴开发理论对促进区域城市体系优化、促进区域内各城市间交流互动具有重要的现实意义。

（二）相关经验理论

一般来说，关于城市规模分布的理论模型一般有三类：城市首位度、城市金字塔以及位序-规模法则。

1. 城市首位度

城市首位度是由美国地理学家马克·杰斐逊（Mark Jefferson）于1939年在"The Law of the Primate City"一文中首先提出的，在这篇文章中，他分析了51个国家的情况，列出了每个研究对象前三位城市的规模和比例关系，发现其中有28个国家的第一大城市人口是第二位城市人口的2倍以上，有18个国家的第一大城市人口是第二位城市人口的3倍以上。无论什么原因导致第一大城市的形成，它都有一种自身强大的继续发展的动力，而且往往成为国家和民族精神团结的纽带，并最终成为国家的象征或者首都（Jefferson，1939）。杰斐逊的上述研究本身是检验研究，他进一步对第一大城市的分析表明，第一大城市不仅体现了一个国家的经济实力，而且体现了一个国家的社会发展与进步水平，在国家运行中扮演着举足轻重的角色。杰斐逊把上述研究总结为一种规律性的关系，即第一大城市与第二位城市在规模上保持巨大差距，吸引了全国城市人口的相当大一部分，并在国家运行中占据明显优势，这样的城市即"首位城市"（Primate City）。

后来的研究者延续杰斐逊的思想，将一个国家或地区最大规模城市人口与第二大规模城市人口的比值称为"首位度"，其功能是衡量一个城市体系中人口在首位城市的集中度。为了进一步细化关于首位度的研究，学者们又在二城市首位度的基础上提出四城市首位度、十一城市首位度。

就二城市首位度来说，其值大于 2 的国家或地区很多，需要进一步区分二城市首位度的集中程度。马歇尔（Marshall）对二城市首位度进行了细化研究。第一步，马歇尔经过大量数据证实，可以将 2 看作二城市首位度的界限值：当且仅当城市的首位度大于 2 时，该城市才能被认定为首位城市。第二步，为了进一步明晰首位城市的优势，马歇尔又将首位度大于 2 且小于 4 的城市称为中度首位分布，并将首位度大于 4 的城市称为高度首位分布（Marshall，1989）。

2. 城市金字塔

把一个国家或区域中的城市按规模分成若干等级，就会发现一种普遍存在的规律性现象：如果城市的规模越大，即城市的等级越高，则城市的数量就越少；如果城市的规模越小，即城市的等级越低，则城市的数量就越多。把这种城市数量随规模等级而变动的关系用图表示出来，就形成了城市金字塔（Pyramid of City）。金字塔的基础是大量的小城市，塔的顶端是一个或少数几个大城市。不同规模等级城市数量之间的关系可以用每一规模等级城市数量与其上一规模等级城市数量的商来表示。城市金字塔理论提供了一种分析城市规模分布的简便方法，为以后齐普夫法则的形成和提出奠定了基础（罗湖平，2006；曹笑笑，2012）。

3. 位序–规模法则

城市首位度数据的采集比较方便，但其缺点是过多采集了首位城市的信息，对其他城市的信息丢失较多。城市金字塔虽然能够反映城市分布的普遍情况，但是也无法提炼出城市规模体系内的相互关系。相对而言，位序–规模法则与齐普夫法则更能体现城市规模体系的内在联系。对位序–规模法则的最早研究来自奥尔巴赫（Auerbach），他认为城市规模分布可以用帕累托分布来描述，并且存在城市规模和城市等级的数学关系：$P_i R_i = K$，$P_i = K/R_i$（Auerbach，1913）。其具体的概念是：一个城市的规模与其在这个国家所有城市按人口规模排序中的位序的关系所存在的规律。随后，罗特卡（Lotka）对1920年美国100个大城市分布进行经验性拟合，发现美国城市规模分布符合如下等式约束：$P_i R_i^{0.93} = 5000000$（Lotka，1925）。相对而言，罗特卡的贡献比奥尔巴赫的研究更切合实际，原因在于罗特卡允许位序变量有一个指数，且对于 K 值有一个经验性研究。多年后，齐普夫认为城市规模不仅可以用帕累托分布来描述，而且常常表现为非常优美的形式：$P_i = K \cdot R_i^{-q}$（Zipf，1949）。齐普夫的贡献在于，不仅允许位序变量有一个指数 q，而且允许 q 大于、小于1，或者等于1。显然齐普夫法则提高了位序–规模法则的适应性，也更切合现实生活中实际存在的各种城市位序–规模体系。

（三）位序–规模法则的检验

在位序–规模法则逐渐发展成熟以后，围绕该理论的一些验证性研究也相应发展起来。有的学者通过位序–规模法则与其他方法的对比来说明其适用性，如 González-Val（2015）分别利用对数正态分布、齐普夫指数分布、双帕累托对数正态分布和对数 Logistic 分布四种类型，对美国、西班牙和意大利1900~2010年所有城市的数据进行拟合效果比较,结果发现双帕累托对数正态分布对城市规模分布的拟合效果最佳。也有学者通过大样本的随机试验来验证齐普夫法则,如Zörnig(2015)对数以万计的城市案例进行拟合估算,并计算相应的卡方值,发现简单随机序列的频率分布通常遵守齐普夫法则。

当然,总体来看,更多的学者是对位序-规模法则的跨国研究和国别研究以及对齐普夫法则与 Gibrat 法则的关系研究。

第一类是对位序-规模法则的跨国研究。贝利(Berry)收集了38 个国家关于城市人口的横截面数据,通过实证检验,将国家城市规模的分布分为三类:位序-规模分布、首位分布、介于位序-规模分布与首位分布之间(Berry,1961)。实际上,无论是首位分布还是介于位序-规模分布与首位分布之间的类型,在某种意义上都可以通过齐普夫指数得以体现。贝利发现绝大多数发达国家的工业化、城镇化已经完成,因此其城市规模分布表现为一条向右上方倾斜的直线,完全符合齐普夫法则。而所有发展中国家的城市规模分布都是折线,斜率一开始是平缓的,因为工业化、城镇化尚未启动,因而城市规模比较分散;随着工业化、城镇化的推进,人口迅速向大城市集聚,因而斜率变大。贝利还发现首位度与城市规模分布之间有一定的关系——低首位度意味着城市规模呈正态分布,这样的国家往往历史悠久且工业化水平较高(Berry,1961)。

随着研究的深入,更多国家和方法被纳入齐普夫法则的跨国检验。Soo(2005)基于 OLS 和 Hill 方法对 75 个国家的面板数据进行回归并比较了两种齐普夫指数,结果发现,无论采取哪一种方法,均有一半以上国家的齐普夫指数大于 1。在采用 Hill 方法的估计结果中,处于理想的位序-规模法则分布的国家数量多于采用 OLS 方法的估计结果,部分原因是在小样本中 OLS 方法的误差更大。即使这样,世界各大洲的城市规模分布大体上还是符合齐普夫法则的。另外,欧洲的城市规模分布通过任意一种方法得到的齐普夫指数都比其他各大洲高很多,即欧洲的城市人口分布相对于其他各大洲更均衡。

当然，还有对发达国家和发展中国家的比较研究。Berry 和 Okulicz-Kozaryn（2012）运用齐普夫法则在平面直角坐标系中描绘城市人口规模结构曲线，用一条呈现对数正态分布的曲线来描绘城市规模分布的特征，认为发达国家大多呈现对数正态分布（符合位序-规模法则），发展中国家却有明显的拐点，先以缓慢趋势上升，在拐点后呈现强劲的上升势头，这可能与发展中国家的中等城市规模较小、首位城市垄断地位较强有关。其实这样的研究结果与 Berry（1961）的研究结果非常接近。

第二类是对位序-规模法则的国别研究，既涉及发达国家，也涉及发展中国家。在对发达国家的研究方面，有对美国、德国及日本等国的研究，其中对美国研究的文献较多。马登（Madden）利用美国 1790~1950 年的城市人口数据，验证了齐普夫法则的稳定性，并指出短期内城市系统的范围和规模可能会波动，但是城市规模分布本身在相当长的一段时间里具有稳定性（Madden，1956）。Ye（2006）运用齐普夫法则研究了美国城市体系的动态演化，认为城市系统的演变对地理空间具有依赖性，而且在空间、时间和分布等方面，城市之间的空间竞争等与区域经济和经济地理学有密不可分的内在联系。有学者专门针对美国的大都市分布状况进行研究，如 Dobkins 和 Ioannides（2001）利用 1900~1990 年美国大都市地区的人口数据，对美国城市的空间演变特征进行了深入分析，发现大城市倾向于集聚在一起，那些新增城市也往往与老城市相毗邻。也有学者对美国的小城市规模分布进行研究，如 Devadoss 和 Luckstead（2016）应用反向帕累托和反向广义帕累托分布来分析美国城市体系尾部小城市规模分布，结果发现美国城市体系尾部小城市规模分布的幂律行为可以准确地由反向帕累托和反向广义帕累托分布来表示。

Eaton 和 Eckstein（1997）利用马尔科夫链对法国和日本前 40 位城市规模进行研究发现，在工业化和城市化时期，这些城市的人口相对稳定，并根据历年人口增长率，预测未来这些城市的人口也将处于稳定分布状态，较大城市可通过改善工作和生活环境来吸引更高水平的人力资本，从而扩大城市规模。Boskera 等（2008）借助齐普夫法则和 Gibrat 法则，研究了德国城市规模整体以及单个城市的演变，结果显示德国城市规模分布最符合强调规模报酬递增的城市增长理论。

Ezzahid 和 ElHamdani（2015）使用 1982 年、1994 年和 2004 年的人口数据研究表明，摩洛哥城市体系符合位序-规模法则，且中间城市规模似乎比其他城市更容易增长，从而促进了摩洛哥城市系统更加均衡。Pérez-Campuzanoa 等（2015）基于位序-规模法则对 20 世纪墨西哥城市规模分布进行的研究表明，更均衡的城市规模分布并不意味着经济的发展，对墨西哥齐普夫指数变化的解释用"连贯性"理论更合适。与 Soo（2005）的结果不同，在墨西哥城市规模体系分布的影响因素中，经济地理变量的影响作用很大。

第三类是对齐普夫法则与 Gibrat 法则的关系研究，涉及齐普夫法则的形成条件及其理论解释。例如，Brakman 等（1999）认为城市的发展遵循 Gibrat 法则，城市规模分布严格遵守齐普夫法则，且 Gibrat 法则是齐普夫法则的前提，而齐普夫法则是近似 Gibrat 法则下的上尾 Pareto 分布。因此，他们通过实证分析发现，Gibrat 法则与齐普夫法则的结论高度相似。Gabaix（1999）认为如果不同等级的城市以相同的方差及期望增长率随机增长，实际上意味着各类城市之间的相对位序不变，则城市体系的规模分布满足齐普夫法则。Fujita 等（1999）构建的模型解释了等级城市系统的存在机制，并通过人口持续增长这一外生动力机制演绎了城市等级体系类似于中心地的演化图景。Córdoba（2008）通过数学论证，认为齐普夫法则与 Gibrat 法则互为充要条件。

（四）城市规模分布的影响因素及其实证检验

如前文所述，城市体系的形成、发展和演变均是一个区域的经济、政治、文化、历史等多种因素综合作用的结果。因此，探索城市体系的影响因素就成为城市规模体系研究的必然要求。

关于人口规模和区域面积对城市规模体系的影响，国外有学者认为，在人口少、面积小、城市化历史比较短的国家，城市规模体系往往受到少数几个强大力量的影响，城市规模体系常常产生首位分布结构；在人口多、面积大、历史悠久和条件复杂的国家，由于受到多种因素的长期、综合影响，城市规模体系呈现位序-规模分布结构（盛科荣等，2013）。

关于经济发展阶段对城市规模体系的影响，El-Shakhs（1972）认为城市规模分布会随着经济的发展先集中后分散。Brakman 等（2001）、Cuber（2011）、Henderson 和 Venables（2009）认为区域发展在经济起飞前属均衡状态，城市体系呈现位序-规模分布；在经济大发展过程中，均衡状态被大城市快速发展所动摇，城市规模呈现首位分布；随着时间的推移，城市系统的均衡状态又逐渐恢复，在新的基础上再现位序-规模分布。

关于区位条件对城市规模体系的影响，新经济地理理论认为，对外开放会降低关税和交通成本，内陆城市拥有更大的市场，经济活动趋向于空间分散（Krugman，1996；Alonso，2001）。

运输成本也是影响经济活动集聚的重要因素，但是不同的学者有不同的看法。Martin 和 Rogers（1995）认为，运输条件的改善将更容易以低成本实现经济集聚，因而大城市的规模将更大。而Krugman（1991）、Mori 和 Fujita（2005）则认为运输成本和经济活动集聚呈现阶段性的倒"U"形规律：在运输成本很高时，基于运输成本的节约，经济活动空间上的分散是合理的；随着运输成本的降低，多种生产要素的物流成本下降，产业和人口的集聚有利于发挥规模经济；随着运输成本的继续下降，经济活动空间布局又趋于分散化，多中心、网络化的城市体系得以形成，从而促进小城市更快发展。

关于政治因素对城市规模的影响，Ades 和 Glaeser（1995）认为在政治局势越不稳定以及政体越专制的国家，企业紧靠权力中心布局的动力也越大，由此带动产业和人口向主要城市集中，最终导致城市规模分布不均衡，出现极化现象。Alperovich（1993）则认为政府为人口扩散而实施的政策，结果适得其反，往往会促使城市规模分布的集中。

关于经济因素对城市规模的影响，Rosen 和 Resnick（1980）基于短期数据的研究发现，城市规模分布会随着经济增长趋于分散。盛科荣等（2013）对 57 个国家 2011 年的截面数据分析发现，经济发展带来城市规模分布的集中，但在城市化率高的国家，其城市规模分布更加分散。Fujita、Krugman 和 Venables（1999）认为随着制造业的成熟化和标准化，制造业将向成本较低的低等级城市扩散，从而促进城市规模的分散化。关于城乡差距，Lewis（1954）、Fei 和 Ranis（1961）认为城乡收入差距是促使农民进城的重要原因，但农民进城到底去哪一种类型的城市，则需要实际检验。

Berry（1961）在对 38 个国家城市人口横截面数据的实证研究中发现，一个国家的城市规模分布会受到经济发展水平、城市发展历史、总体人口规模以及国土面积的显著影响。Rosen 和 Resnick（1980）研究发现总人口、国土面积、人均国民生产总值以及铁路里程密度是影响齐普夫指数的关键因素。其中，人均国民生产总值、总人口以及铁路里程密度的改善会促进城市规模的均衡分布，但国土面积的增加则会促使首位分布的形成。而 Mills 和 Becker（1986）在对印度城市体系的研究中发现，帕累托指数与总人口、制造业工人占比也是正相关的。Soo（2005）以经济地理变量、政治变量以及用以表征国家规模的控制变量为影响因素体系，同时加入代表各大洲的虚拟变量对 Pareto 指数进行影响因素分析。结果发现，政治经济因素是决定城市规模分布的主要因素，经济地理因素也同样重要，不过它的回归系数的符号与预测相反。

三 国内研究现状与述评

（一）城市规模分布的基础理论研究

鉴于克里斯塔勒中心地体系的局限性，陈涛和李后强（1994）在分形理论的基础上提出了城镇体系的科赫（Koch）雪花模型，对前者予以补充或修正，并用以模拟城镇体系的形成和演化背后隐含的简单法则。该理论定义了经济活动的最优空间分布，但它是一个静态体系，解释的范围有限，且不具备较强的预测能力。

在上述研究的基础上，相关研究将科赫雪花模型推广到区域城市随机分布的三角点阵模型，从数理角度进行了相应的描述和分维计算，证明了二倍数规律与三参数 Zifp 模型的等价性，并且将二倍数规律推广到任意倍数规律，最终将大量的城市规模分布模型整合到分形模型的理论框架之中（陈彦光，1998；陈彦光、刘继生，2000；陈彦光、胡余旺，2010）。

另外，陈彦光和况颐（2003）基于城市地理系统的分数维思想，修正了 Curry 的最大熵模型，得到关于城市规模分布的 Weibull 模型。陈彦光和胡余旺（2010）从位序-规模法则出发，推导出城市等级体系二倍数法则，暗示位序-规模分布是一种对称结构。这种判断在逻辑上可以从二倍数推广到多倍数情形，在应用范围上可以从城市研究领域推广到经济学和自然科学领域。

王士君等（2012）认为中心地理论固然有其重要的基础性理论地位，但过于理想化的假设影响其适用范围。因此，应放宽假设条件，从多元视角拓展中心地理论的适用性和普遍性，促进其从"肢解"阶段进入整体完善过程，构建创新与发展的基本框架。

张莉和陆玉麒（2013）在中心地理论的基础上，从空间的服务范围、相互作用以及可达性的视角出发，模拟了中心地体系的演化和重构，认为伴随交通网络的演进，中心地空间结构呈现一种从点到轴再到网的发展模式。

（二）城市规模分布的实证研究

国内对位序-规模法则的研究始于 20 世纪 80 年代，严重敏和宁越敏（1981）、许学强（1982）先后用全国城镇人口的详细资料检验了位序-规模法则。严重敏和宁越敏（1981）以首位城市上海的规模为基准，以斜率为 1 作为理想模式考察了 1952 年、1978 年 10 万人以上城市规模分布的演变。用首位城市作为基准显然有一定的局限性，因为城市体系是一个开放的、动态的体系，首位城市的人口规模及其在城市规模体系中的位序是变动的，是首位城市指数位序-规模中的一个特例。而许学强（1982）则没有将首位城市的实际规模作为截距，只测算了前 100 位城市的分布状况。显然，不用首位城市的人口规模作为截距更加合理。顾朝林（1990）对 1982~1985 年我国的城镇体系进行研究时发现幂函数分布模型与我国城镇体系分布特征拟合最好，当幂函数的幂指数小于零时与位序-规模法则相一致。陈勇等（1993）指出齐普夫法则与帕累托分布在本质上都是负幂律分布，实证检验中认为由于国家的宏观调控，我国的城市规模发展有其特殊性。

王放（2002）利用首位城市人口规模、城市首位度、四城市指数、基尼系数和城市规模中位数 5 个指标，对中国各省区的城市规模结构进行聚类分析。其中，将北京市并入京津冀、将上海市并入苏沪进行分析，结果表明中国城市规模结构在不同地区具有一定的差异性，应当根据各自的特征确定发展重点，三大区域均应优先发展大城市，从而更好地发挥其对周边小城市的带动和辐射作用，构建大中小城市结构合理的城市体系。就全国层面来说，高鸿鹰和武康平（2007）对我国各省份、三大区域以及全国的研究表明，无论是城市人口规模分布还是经济规模分布都显著地服从 Pareto 分布，并具有明显的结构性特征。

刘妙龙等（2008）首次引入英国著名城市地理学家 Batty 提出的城市规模等级钟、等级距离钟和半生命周期理论，利用地级以上城市的人口数据，测算了表征中国城市规模等级演化特点的等级钟、等级距离钟和半生命周期。测度结果表明，中国特大城市的规模等级钟变化较小，城市位序稳定。在区域空间差异上，东部沿海城市等级钟变化明显，位序上升迅速；东北地区城市等级钟呈现较大变化，但演化方向与东部沿海城市相反，城市位序逐渐下降；西部和内陆城市等级钟变化缓慢，位序难以进入顶级序列之中。

也有学者对中国的城市规模与美国进行比较，如谈明洪和李秀彬（2010）基于位序-规模法则研究了与中国同处于城市化加速发展中期阶段的美国 20 世纪 70 年代的城市规模分布，发现美国的城市规模体系虽然符合位序-规模曲线，但有偏离趋势。对比发现，我国的情况相对均衡，与多数国家的发展规律不同，认为未来我国人口有向大城市集中的趋势。

相对于前述文献关于人口规模的城市体系研究来说，对城市土地规模体系研究的文献相对较少。周晓艳等（2015）利用 2000~2012 年我国地级及以上城市的建成区面积来衡量城市规模，结果发现我国城市建成区面积规模分布符合位序-规模法则，且城市建成区面积规模分布的齐普夫指数呈上升趋势，但城市建成区面积分布的均衡度下降，区域差异明显。

为了体现城市规模体系研究的全面性，也有学者从城市人口规模、土地规模、经济规模的三维角度进行研究。曹跃群和刘培森（2011）利用 1999~2008 年的相关数据研究发现，无论是我国城市人口还是建成区面积均符合城市位序-规模法则，但其规模分维值均呈现下降趋势，且区域差异明显，资本投入、科技水平、产业结构和外资水平的提升助推了城市规模的扩大。王振波等（2015）在齐普夫法则的基础上引入经济总量、建成区面积等要素创建了 Zipf-PLE 模型，为齐普夫法则注入了新鲜血液。

考虑到城市规模体系分布的区域差异性，朱顺娟和郑伯红（2014）从城市规模基尼系数的角度分析了中国 26 个区域 1989 年、2000 年和 2010 年的区域差异及其形成机制。结果发现，中国城市规模分布总体上呈现分散化的趋势，但城市规模分布的区域差异性非常明显。东部、中部、西部地区基尼系数的平均值与经济发展水平有很大的负相关性，即经济发展水平越高，基尼系数越小，反之亦然。

人口流动对城市规模具有较大的影响，戚伟和刘盛和（2015）通过研究流动人口的位序-规模分布，发现流动人口向高位序城市高度集中，并根据城市人口位序-规模分布与城市流动人口位序-规模分布的耦合关系，研究城市对流动人口的吸纳情况。

（三）城市规模分布影响因素研究

从被解释变量角度来看，有的学者以位序-规模法则的齐普夫指数为被解释变量，有的学者以首位城市规模对数值、首位度、四城市指数、变差系数、偏态系数 5 个指标为被解释变量，还有的学者以城市人口的绝对规模为被解释变量。

高鸿鹰和武康平（2007）以人均非农业产值、非农业与农业产值比、运输能力以及区分东部、中部城市的两个虚拟变量为影响因素，实证发现工业化水平的提高、工农业的发展以及交通运输条件的改善都使齐普夫指数下降，促进了城市规模分布的均衡化发展，即促进了中小城市人口规模的扩大。薛飞（2007）、胡玉敏和踪家锋（2010）、曾思敏等（2009）通过借鉴 Soo（2005）的影响体系，分别对全国和广东省的城市规模体系影响因素进行了研究。从研究结果来看，工业化水平、交通运输水平以及外商直接投资的影响作用在他们的回归结果中有一定差异。

关于工业化水平的影响,薛飞(2007)、曾思敏等(2009)的结果显示工业化水平的提高有利于大城市人口规模的扩张;而胡玉敏和踪家锋(2010)的结果则显示工业化水平的提高能够促进人口向小城市转移;冷智花和付畅俭(2016)的研究表明工业化对城市规模扩张作用具有一定的阶段性和区域差异性,即工业化早期对城市规模具有扩张作用,而达到一定程度后该作用将减弱,甚至可能促进人口规模的分散,且工业化对城市规模的影响在三大地区具有明显的区域差异性。

关于交通运输水平的影响,薛飞(2007)认为交通运输条件的改善会促进人口资源向大城市集聚;胡玉敏和踪家锋(2010)认为交通运输条件的改善会促进人口资源向中小城市分散;而曾思敏等(2009)的研究则认为交通运输条件的改善对城市规模体系的影响是先集聚后分散。

关于外商直接投资的影响,薛飞(2007)、曾思敏等(2009)的研究结果显示外商直接投资会促进人口资源向大城市集聚,理由是大城市的竞争优势对外资具有绝对的吸引力;而胡玉敏和踪家锋(2010)的研究结果为外商投资会促进人口资源向中小城市分散,理由是所有的城市都会为了吸引外资而形成良性竞争,实现各自的提升,从而也会吸引人口的流入。

曹跃群和刘培森(2011)构建了资本投入、城市开放度和城市发展水平3个结构性因子以及2个虚拟变量来区分东部、中部、西部地区的影响因素体系,但其被解释变量不再是齐普夫指数而是城市人口规模。研究发现,资本投入、科技水平、产业结构和外商投资是推动城市规模扩大的重要因素。

上述文献主要是对齐普夫指数单一被解释变量的研究,盛科荣等(2013)基于跨国截面数据,以首位城市规模对数值、首位度、四城市指数、变差系数、偏态系数5个指标作为多元被解释变量来全面分析影响城市规模分布的因素。研究表明,城市的发展与生产条件的区域组合直接联系在一起。区域人口规模和人均 GDP 的扩大将提高首位城市的人口规模和城市人口在高位序城市的集聚程度，对外贸易联系的增强倾向于降低城市人口在高位序城市的集聚程度，首都虚拟变量影响首位城市和其他高位序城市的相对规模，基础设施条件的改善和民主化程度的提高倾向于降低首位城市规模和首位度。

与前述文献结论不同的是段瑞君（2013）的研究。该研究是以市辖区平均人口的绝对规模为被解释变量，利用 2011 年的截面数据，以城市规模、城乡收入差距、知识溢出和公共财政支出为解释变量，基于分位数回归对城市规模的影响因素进行的实证分析。结果表明，随着城市规模的扩大，市场拥挤效应逐渐增强，从而抑制了城市规模的进一步扩张；公共财政支出对高分位数城市规模的影响最大，原因是公共政策本身偏向大城市；知识溢出对中等城市的影响最为显著，原因是知识效应的边际报酬递减；城乡收入差距对中等及中等偏上城市的影响较为显著，原因是小城市的预期收益较低，而大城市的生活成本较高。另外，城市规模影响因素在东部、中部和西部地区呈现不同的特点，因而需要采取不同的政策措施。

四　国内外研究评述

第一，从研究深度来看，现有文献对城市规模体系的实证分析中，方法性应用较多，但对城市规模体系形成、发展和演化的理论铺垫较少。第二，从研究对象来看，现有文献对省级层面及区域层面城市规模测度及其演变的分析较多，但对全国省域层面城市规模指数测度及其影响因素的分析较少，且所用数据较旧，所选择的影响因素也较少。第三，从城市规模体系的测度范围和指标来看，现有文献对城市规模体系的测度范围主要是人口规模体系或者土地规模体系，同时测度人口规模体系、土地规模体系和经济规模体系的文献非常少；测度指标则主要集中于城市规模齐普夫指数或者城市首位度，采用多元指标测度的文献也很少。第四，从政策应对来看，现有文献对城市规模体系的研究更多的是解释城市规模体系形成或者变化的原因，而如何促进城市规模体系均衡发展的对策研究相对较少。

第三节　研究设计与研究方法

一　研究框架

首先，本书从区域经济学、城市经济学、发展经济学等多学科出发，阐释城市规模体系形成和变化的理论基础；其次，分别从 7 个指标出发，测度各省区人口规模体系、土地规模体系及经济规模体系，总结各项指标的区域规律性差异，并对各项指标的一致性与相关性进行分析；再次，从城乡二元结构、经济因素、政府支出、建成区面积、外向度、通达性六个方面选取 15 个因子对城市人口规模体系及土地规模体系进行影响因素分析；最后，提出城市规模体系均衡发展的实现路径。

基于这一思路，本书的框架及安排如下。

第一章，绪论。本章主要介绍选题背景、研究意义、研究思路与框架安排、方法论支撑以及可能的创新之处，尝试从总体上把握全书的研究起点、研究内容和预期目标。

第二章，城市规模体系均衡发展的相关概念界定与理论基础。本章主要对城市规模体系的基础理论进行梳理，对城市规模体系的测度方法及其动态演进进行回顾，并对城市规模体系研究的相关文献进行总结和述评。

第三章，中国省域城市规模体系的多元测度。本章主要测度人口规模体系、土地规模体系和经济规模体系，测度的指标有城市位序-规模分布的齐普夫指数，城市首位度测度的二城市指数、四城市指数和全城市指数，以及城市非均衡性分布的基尼系数、HH 指数和离散系数，并对上述测度结果的区域规律性差异进行比较分析。

第四章，中国省域城市规模体系的多元截面分析。本章主要分析人口规模体系、土地规模体系和经济规模体系在齐普夫指数、二城市指数、四城市指数、全城市指数以及基尼系数、HH 指数和离散系数等指标上的一致性，并对各项指标的关系进行实证分析。

第五章，中国省域城市规模体系的影响因素分析。本章主要以人口规模体系、土地规模体系的齐普夫指数、全城市指数和基尼系数为被解释变量，选取相关的因素进行驱动因子分析。

第六章，中国省域城市规模体系均衡发展的实现路径。本章提出，应以坚持区域统筹兼顾作为实现城市规模体系均衡发展的出发点；以提高县域城镇化质量作为实现城市规模体系均衡发展的根基；以坚持城市群主体形态作为实现城市规模体系均衡发展的有效载体；以推动人口城镇化与土地城镇化协调发展作为实现城市规模体系均衡发展的必然要求。

二 研究思路与研究方法

本书总体上分为理论研究、实证分析和政策应对三个部分。一是理论研究。充分发挥区域经济学、城市经济学、发展经济学等交叉学科优势，全面阐述城市规模体系测度方法及其影响因素分析产生的背景、渊源与脉络，阐明该理论对中国省域城市规模体系进行测度的理论价值与现实意义。二是实证分析。综合运用齐普夫指数、城市首位度及城市规模体系均衡度指数等指标进行多元测度，并对人口规模体系和土地规模体系的齐普夫指数、全城市指数及基尼系数进行影响因素的面板分析。三是政策应对。在相关理论支撑与上述实证分析结果的基础上，提出城市规模体系均衡发展的具体措施。

（一）研究思路

1. 坚持思辨研究与实证分析相结合

对城市规模体系的研究需要在区域经济学、城市经济学、发展经济学的框架内确立科学分析的维度，并在上述分析框架内提出对策建议。而通过城市规模体系的多元、多指标测度，并对城市规模体系的关键指标进行影响因素分析，可以进一步印证相关城市规模体系理论的严谨性，并为制定城市规模体系均衡发展的政策提供参考依据。因此，本书做到了思辨研究与实证分析的高度统一。

2. 坚持提出问题—分析问题—解决问题的分析思路

本书第一章和第二章主要是文献综述，确立基本分析框架，即提出问题；第三章到第五章对城市规模体系进行测度及影响因素研究，即分析问题；第六章主要分析中国省域城市规模体系均衡发展的实现路径，即解决问题。

（二）研究方法

1. 文献分析法

本书围绕研究主题，在区域经济学、城市经济学、发展经济学的框架内，紧紧围绕城市规模体系的内涵界定、影响因素及其均衡发展进行文献梳理，并对现有文献的研究对象、研究维度、研究方法进行述评。

2. 定性与定量分析相结合

城市规模体系均衡发展对策研究应充分吸纳区域经济学、城市经济学、发展经济学等的基本理论，使定性分析具有充分的理论基础；而城市规模体系测度及其影响因素分析则需要定量的分析方法，以增强研究结论的可信度，提高对策制定的针对性。

三 研究创新点

（一）学术思想与学术观点的创新

在学术思想方面，本书认为城市规模体系的测度相对于单独的最优城市规模更具现实性与可行性，但城市规模体系也不能单独从城市自身完成均衡自洽。在学术观点方面，合理的城市规模体系构建既要考虑大中小城市的均衡发展，也要考虑中国城市发展的阶段性、地域性差异，尤其要发挥县域城镇化对城市规模体系的基底作用，发挥城市群对城市规模体系均衡发展的主体作用，兼顾人口城镇化与土地城镇化的均衡发展。

（二）研究对象的创新

现有文献对城市规模体系的测度对象，或者是人口规模体系，或者是土地规模体系，而本书不仅测度了人口规模体系和土地规模体系，而且测度了经济规模体系。从测度的指标来看，现有文献大多测度城市规模体系的齐普夫指数，或者城市首位度，而本书不仅测度了齐普夫指数和城市首位度，而且测度了城市规模体系的均衡程度。对于城市首位度，本书进一步细化为二城市指数、四城市指数和全城市指数；对于城市规模体系的均衡程度，本书不仅测度了基尼系数，而且测度了 HH 指数和离散系数。测度对象与测度指标的多元化，反映了城市规模体系整体框架的合理性，揭示了中国省域城市规模体系及其各项指标的空间分异，对相关部门咨政建言具有重要的参考价值。

（三）对策建议的创新

城市规模体系的均衡发展需要多策并举、因地制宜，本书提出的对策建议具有科学性、综合性和可行性，具体如下：以坚持区域统筹兼顾作为实现城市规模体系均衡发展的出发点；以提高县域城镇化质量作为实现城市规模体系均衡发展的根基；以坚持城市群主体形态作为实现城市规模体系均衡发展的有效载体；以推动人口城镇化与土地城镇化协调发展作为实现城市规模体系均衡发展的必然要求。

第二章　城市规模体系均衡发展的相关概念界定与理论基础

第一节　城市规模体系相关概念界定

一　城镇化

关于城镇化的概念，不同的学科有不同的界定，因此对城镇化的定义是多面向的。首先，从经济学的角度来看，城镇化主要是就业结构和产业结构不断从农业向非农产业转变的过程，这个过程伴随农业人口转化为非农业人口，部分土地也由耕地转化为非农用地。其次，从社会学的角度来看，城镇化体现为人口居住地由乡村转化为城市，社会关系由熟人社会走向陌生人社会，人们的生活方式更加独立、自主、个性化、现代化。最后，从地理学的角度来看，城镇化体现为在地理空间上第二、第三产业的集聚，多种生活空间用地和经济用地集聚的过程。

很显然，以上都是从各自学科角度出发来定义城镇化的，虽然具有一定的局限性，却是合理的、贴切的，因为不同的学科有不同的学科边界和问题导向。需要说明的是，无论哪个学科，都认为城镇化是一个国家现代化的必由之路，是一个自然历史过程。实际上，以上关于城镇化的定义是互相补充的，分别从不同维度丰富了城镇化的内涵。

二 城市体系的含义

邓肯 (Duncan) 等在其著作《大都市和区域》中明确提出"城市体系"一词,并阐明了城市体系研究的实际意义,认为城市体系是指一个国家或地区内一系列规模不等、职能各异、相互联系、相互制约的城市有机整体 (Duncan et al., 1960)。随着中国区域经济与城镇化进程的不断推进,国内学者也开始深入研究城市体系基本理论。

顾朝林 (1990) 认为城市体系是一个有机的整体,由一个国家或地区内一系列具有不同规模和职能的城市组成,具有一定的时空区域结构和相互联系的城市网络结构。许学强等 (1997) 认为城市体系是一个国家或区域内职能、等级、规模不同的城市的集合。

周一星 (1995) 将城市体系解释为在一个区域内的城市群体,该群体的城市等级与职能存在一定的差异,但城市间有序分布、紧密联系。徐正元 (2000) 认为城市体系是一定区域内的有机整体,该整体是由规模、类型等各异的城市进行空间结构分布而形成的。饶会林等 (2008) 则认为城市体系是指一定区域内的大中小城市结构关系。

通过以上学者对城市体系的定义,可以归纳出城市体系具有下列特征 (周军, 1995)。第一,城市体系具有整体性。这种整体性是各城市在职能分工、产业分工的基础上形成的有机合作关系。任何一个城市都是在城市体系中获取资源,并且发挥自身功能和定位的。第二,城市体系具有层次性。城市体系内部的各个城市在人口规模、土地规模、产业布局等方面存在差异,有些城市必然会因为综合实力强而成为核心城市,成为整个城市体系的增长极,而外围城市则在制造业领域以及生态屏障、粮食安全等方面发挥各自的作用,从而形成城市体系的层次性。第三,城市体系具有开放性。城市体系内部各个城市之间通过交通网络、能源网络、河流水系等实现人流、物流、资本流和信息流的便捷互动，从而促进城市体系资源配置的最优化、便捷化，因此城市体系是一个巨大的开放体系。第四，城市体系是一个动态的体系。城市体系内部各个城市之间的地位和分工不是固定的，城市体系的范围也不是固定的。区位条件的改善、产业结构的调整以及政府政策的变化等，都会改变城市体系内部各个城市原有的定位或者相互关系。因此，城市规模体系具有动态性。

三　研究对象及数据来源

《中国城市统计年鉴》提供了两个口径的城市界定：一是"全市"，包括市政府所管辖的县，其中涵盖大量的农村，所以这不是纯粹城市经济学意义上的城市；二是"市辖区"，主体为城市建成区，这更符合城市的基本特征。本书所指的市，是指以市辖区为主体的城市。本书将城市规模界定为：含有人口规模、土地规模、经济规模等规模要素的总和。

对于人口规模的统计口径，一般选取"城市户籍人口数""城市非农业人口数""市辖区人口数"等指标中的一个或多个来反映。但基于数据的可得性、稳定性、可比性与连续性，本书对城市人口规模的统计口径为市辖区的人口总量。相应地，城市土地规模和经济规模的统计口径分别为相应城市市辖区的建成区面积和 GDP。城市范围包括各区域地级以上城市。

由于香港、澳门及台湾的数据缺失，所以本书没有对这 3 个省区的维数进行估算。由于北京、上海、天津、重庆四大直辖市自身城市规模的特殊性，本书不考虑这 4 个城市。新疆、海南和西藏的城市规模体系较为特殊，且数据难以获得，本书也不予研究；宁夏和青海的地级市较少，不便于分析，本书将宁夏、青海与甘肃合并进行分析，简称甘宁青；云南和贵州也由于地级市较少，因此将二者合并进行分析，简称云贵。

　　根据本书研究的区域选择，结合《中国城市建设统计年鉴》对中国大区域的分类标准，本书共选择 21 个区域①作为研究对象。其中，东部地区包括辽宁、河北、山东、江苏、浙江、福建、广东 7 个省区；中部地区包括黑龙江、吉林、山西、河南、湖北、湖南、安徽、江西 8 个省区；西部地区包括内蒙古、陕西、甘宁青、四川、云贵、广西 6 个省区。

　　本书的研究周期为 2003~2018 年，所涉及的数据来自 2004~2019 年《中国城市建设统计年鉴》中各区域地级及地级以上城市的样本数据，其中甘宁青的数据用甘肃、宁夏、青海 3 个省份相应指标的数据整合而成，云贵的数据用云南和贵州 2 个省份相应指标的数据整合而成。研究周期内，涉及行政区域调整的，研究数据也相应调整。2003~2018 年地级市变化情况见表 2-1。

表 2-1　2003~2018 年地级市变化情况

省份	城市名称（调整年份）	调整类型
山西	吕梁市（2003）	地区设市
内蒙古	乌兰察布（2003）、巴彦淖尔（2003）	盟变为地级市
安徽	撤销巢湖市（2011）	一区四县并入合肥市、芜湖市、马鞍山市
云南	普洱市（2003）、临沧市（2003）	地区设市
甘肃	陇南市（2004）、定西市（2003）	地区设市
宁夏	中卫市（2004）	县级市升级
青海	海东市（2013）	地区设市
贵州	毕节市（2011）、铜仁市（2011）	地区设市

第二节　城市规模体系均衡发展的基础理论

一　区域整体性理论

　　如前文所述，单个城市的最优规模不仅无法计算，而且无法实

---

① 为表述方便，21 个区域均用省区来表述。

现最优。因为任何城市都是在一个城市体系中得以形成、演化与发展的，并最终受到整个区域的经济状况、历史沿革、资源禀赋、政治制度等多个因素的影响。因此，无论是早期霍华德的"田园城市"理论对城乡协调发展的强调，还是沙里宁针对大城市过度膨胀带来的各种弊端提出的有机疏散理论，事实上都凸显了城市发展与区域经济的协调、城市发展与农村发展的协调以及城市规模的有效控制等思想。相对来说，中心地理论的影响更为深远，因为它不仅将城市体系的形成与布局嵌入一个更大的区域经济中去考虑，而且通过各种假设条件与数理分析，在实际调研德国南部地区城市分布情况的基础上，采用六边形图式对城镇等级与规模关系的分布进行了概括，具有更稳固的现实基础与更高的理论价值。

二　城市规模均衡发展理论

在一个合理的城市体系中，大中小城市各自发挥相应的作用，是一个相互联系的有机整体。如果大城市过少或者没有，则城市体系缺乏核心城市的带动，表现为增长极缺乏、主导城市缺位；如果大城市过多，则会对中小城市产生虹吸效应，抑制中小城市发展，同时大城市过多带来的彼此竞争会导致产业同构、重复建设及功能错位。中等城市作为大城市与小城市之间的链接，也需要保持合理的数量。如果中等城市过少，则无法有效地将大城市的辐射作用继续向下传递；如果中等城市过多，则会挤压小城市的发展空间，同时中等城市过多带来的竞争将难以形成有核心地位的大城市。小城市是城市体系的基底，如果小城市过多，则城市体系区域过于扁平化，不利于发挥集聚优势和规模效应；如果小城市过少，则不仅无法接受中等城市带来的输出效应，而且可能导致农村的衰败（盖赛哲，2016）。综上所述，城市体系中大中小城市过多或过少都不利于城市体系规模结构的优化升级，合理的城市结构和数量才能使得城市体系的规模结构达到最优。

三　主体功能区理论

城市规模体系的形成、演变和发展受经济、政治、社会、文化、生态及历史传统等多种因素的影响。我国幅员辽阔，每个区域的资源禀赋、发展基础、开发强度，以及发展的优势和劣势、强项和短板各不相同，只有让各个区域承担与自身条件相适应的主体功能，才能做到扬长避短、趋利避害、因地制宜、相得益彰，发挥比较优势。因此，根据不同区域的资源环境承载能力、现有开发强度和发展潜力进行主体功能划定，充分体现了发展的全面性、科学性与合理性。主体功能区规划，是城镇化及城市规模发展的根本基础与遵循。

四　区域差异性理论

区域差异性是区域经济中的重要内容。这意味着对城市规模体系的测度和评价也要体现区域差异性，不同的区域处于不同的发展阶段，具有不同的资源禀赋和历史文化基础。因此，不能用同一个标准去评价不同区域的城市规模体系是否合理，应该在承认区域差异性的基础上进行合理评价。

第三节　城市规模体系测度的基本理论

一　城市首位度

研究城市首位度的目的是掌握首位城市在所在区域的控制作用或者增长极作用，属于一种经验研究。当然，在不同区域或者同一个区域的不同阶段，城市首位度都会发生一定的变化。但总体上来说，城市首位度能够在某种程度上反映首位城市的主导能力以及区域城市规模体系的发展阶段，因而成为被大家普遍认同的城市规模体系测度的重要指标。一般来说，城市首位度越高，其凝聚力和集聚功能越强，带动地区经济的能力越强，该区域的发展规模和经济效能也越大。

城市首位度主要包括二城市指数、四城市指数和十一城市指数。二城市指数用首位城市的人口规模与第二位序城市人口规模的商来表示，四城市指数用首位城市的人口规模除以第二、第三、第四位序城市的人口规模之和来表示，十一城市指数用首位城市人口规模的 2 倍除以第二位序到第十一位序城市的人口规模之和来表示。用公式表示的二城市指数和四城市指数分别为：

$$S_2 = P_1/P_2 \tag{2-1}$$

$$S_4 = P_1/(P_2 + P_3 + P_4) \tag{2-2}$$

其中，P_1、P_2、P_3、P_4 分别表示首位城市以及第二、第三、第四位序城市的人口规模（土地规模、GDP）；S_2、S_4 分别表示二城市指数和四城市指数。

二城市指数和四城市指数计算方便，需要的样本也少；十一城市指数虽然可以获得更多的城市规模体系内的信息，但由于我国许多省份的地级以上城市数量少于 11 个，因而无法进行十一城市指数计算。而用首位城市的人口规模（土地规模、GDP）除以全部城市的人口规模（土地规模、GDP）总和，更容易获取全面信息，使得各省区之间具有可比性。因此，本书采用全城市指数来替代十一城市指数，其公式为：

$$S_q = p_1/\sum_{i=1}^{n} p_i \tag{2-3}$$

其中，p_1，p_2，…，p_n 分别表示第 1，2，…，n 个城市的人口规模（土地规模、GDP）；S_q 表示全城市指数。全城市指数是指首位城市的人口规模（土地规模、GDP）占整个辖区内地级以上城市人口规模（土地规模、GDP）总和的比重，用以表征首位城市的支配地位和区域影响力。

二 位序-规模测度

城市规模体系的测度方法主要有城市首位度、HH 指数、基尼系数、位序-规模等方法。城市首位度法采集数据比较方便，但其缺点是过多地采集了首位城市的信息，对其他城市的信息丢失较多，反映的主要是首位城市的人口、土地、经济在区域内的支配能力或控制能力。HH 指数法能够反映城市分布的不均衡程度，但是也无法提炼出城市规模体系内的相互关系。相对而言，位序-规模法则与齐普夫法则更能体现城市规模体系的内在联系。

在奥尔巴赫和罗特卡研究的基础上，形成了罗特卡一般化模式，其公式如下：

$$P_i = P_1 / R_i^q \tag{2-4}$$

其中，P_1 表示该国或地区内首位城市的人口数量。还有一些研究者将式（2-4）的两边取自然对数，就得到了下面的公式（宋丽红，2013）：

$$\ln P_i = \ln P_1 - q \ln R_i \tag{2-5}$$

式（2-5）为一个直线方程。$\ln P_1$ 为截距，而 q 为斜率。根据分形理论，当 $q > 1$ 时，城市规模体系表现出首位型分布，表明城市规模结构趋于集中，各城市规模级差比较明显，首位城市在城市体系中的垄断性较强，首位城市发展很快，其他城市发展则相对不足，人口分布也不均衡。q 值越大，表明首位城市对人口的集聚作用越强，城市规模分布越集中。

当 $q < 1$ 时，表明中间位序的城市数量最多，靠前位序的城市规模与其他城市并没有表现出太大差异，首位城市的地位不突出，首位作用不明显，此时城市体系的人口分布比较分散，城市体系的规模分布相对均衡，各城市之间的发展状况比较均衡。这种情况是区域城市体

系相对发达的分布特征。q值越小，则城市之间的规模差异越小。

当$q=1$时，罗特卡模式就变成了著名的齐普夫法则，即在某个城市群中，按人口规模排序，第二位序城市的人口数量是第一位序城市的$1/2$，而第三位序城市的人口数量是第一位序城市的$1/3$，依此类推。齐普夫认为这种情况就是城市人口规模在自然状态下的最优分布。

城市首位度和齐普夫指数均是反映城市规模体系的主要指标，但城市首位度更多的是考虑首位城市在城市规模体系中的控制能力和主导地位，是用首位城市在相应城市体系中的占比来体现的；而齐普夫指数更多的是从城市规模体系中城市所处位序及其对应的人口规模进行回归所得，这里面虽然也提取了首位城市的信息，但首位城市只是一个普通样本。在这样的情况下，即使首位城市都相同，二城市指数和四城市指数也都相同的城市规模体系，其齐普夫指数也可能相差很大。城市首位度分析法与齐普夫法则的对比见表2-2。

表2-2　城市首位度分析法与齐普夫法则的对比

城市位序 X	$\log X$	Y_1	$\log Y_1$	Y_2	$\log Y_2$
1	0.000	16	2.773	16	2.773
2	0.693	8	2.079	8	2.079
3	1.099	5	1.609	5	1.609
4	1.386	3	1.099	3	1.099
5	1.609	1.990	0.688	2.976	1.090
6	1.792	1.826	0.602	2.903	1.066
7	1.946	1.611	0.477	2.828	1.040
8	2.079	1.351	0.301	2.752	1.012
9	2.197	1.000	0.000	2.752	1.012
10	2.303	0.740	-0.301	2.673	0.983

现在选取两个城市规模体系的样本进行研究：城市规模体系1，用Y_1表示；城市规模体系2，用Y_2表示。这两个城市规模体系前四位序城市的数值均相同，因此二者的首位城市都相同，二城市指数都为2，四城市指数都为1，均符合典型的首位分布特征。

但进行齐普夫指数分析发现，Y_1（城市规模体系 1）的齐普夫指数为 1.305，人口集中于首位城市；Y_2（城市规模体系 2）的齐普夫指数为 0.781，人口的规模分布则更为扁平（见表 2-3）。

表 2-3　齐普夫拟合回归对比

样本	常数项	t 值	拟合优度
Y_1（城市规模体系 1）	2.903	30.83***	$R^2 = 0.985$
	-1.305	-23.039***	调整后的 $R^2 = 0.983$
Y_2（城市规模体系 2）	2.556	16.441***	$R^2 = 0.897$
	-0.781	-8.353***	调整后的 $R^2 = 0.884$

注：*** 表示在 1% 的水平下显著。

这意味着即使通过了统计检验，使用位序-规模法则进行区域城市规模体系结构对比与演变分析时也会存在较大的不确定性，有可能会得出错误的结论（叶浩、庄大昌，2017）。

三　非均衡性测度

城市首位度分析的二城市指数、四城市指数、十一城市指数等指标，更多的是从首位城市的角度来分析的，目的是评价首位城市的支配地位和辐射能力，但体现的信息较为单一。而城市规模体系的非均衡分布，则更多地体现了城市体系内部整体的城市规模分布差距、集中或者离散状况，反映的是城市体系的均衡程度。

（一）基尼系数

基尼系数最早是用来衡量一个社会的贫富差距或财富分配状况的经济学指标。后来，著名经济学家马歇尔（Marshall）教授将基尼系数的计算模型引入城市地理学当中，用来研究不同城市之间人口规模的差距，并在此基础上提出了城市基尼系数的概念。该系数的计算过程为：假设在某个国家或地区的城市群内有 n 个城市，S 表示该地区所有城市的人口数量之和，T 表示该地区内各城市人口数量之差的绝对值之和，则：

$$T = \sum_{i=1} \sum_{j=1} |p_i - p_j| \tag{2-6}$$

那么，用来反映城市人口集中程度的基尼系数 G 可以用下列式子来表示：

$$G = T/[2(n-1)S] \tag{2-7}$$

基尼系数的值域在 0 和 1 之间。如果 G 越接近 0，则表明该国家或地区各城市之间的人口规模分布越均衡；如果 G 越接近 1，则表明各城市之间的人口规模分布差距越大，人口向少数城市集中，城市规模分布过于集中。当 $G=0$ 时，说明所有城市的人口规模都相等，此时 $T=0$，表明城市群的人口均衡分布在各个城市内，城市规模分布过于分散；当 $G=1$ 时，则有 $T=2(n-1)S$，说明所有的人口都集中在一个城市当中，而其他城市的人口数为 0。

（二）HH 指数

HH 指数即赫芬达尔-赫希曼指数，是一种测度产业集中度的综合指数。城市规模体系也可用该指数进行研究，用于反映城市人口（或者土地、经济）规模的集聚度，HH 指数越趋近于 1，表示该地区城市人口（或者土地、经济）规模的集聚度越高；HH 指数越趋近于 0，表示该地区城市人口（或者土地、经济）规模的集聚度越低。虽然 HH 指数也是刻画人口规模分布非均衡性的一个指标，但与基尼系数不同的是，HH 指数更多的是用所有单个城市人口规模占总人口比重的平方和来反映城市人口分布的集中程度，而基尼系数则是用所有样本与所有其他样本差的绝对值之和与样本总体之和的比值来刻画城市规模体系的非均衡程度。HH 指数用公式表示为：

$$HH = \sum_{i=1}^{n} \left(\frac{x_i}{X}\right)^2 \qquad (2-8)$$

其中，HH 为赫芬达尔指数，n 为区域内城市的数量，x_i 为城市 i 的人口规模，X 为区域内城市总人口。假设某省区有 3 个地级市，各自的人口（土地）份额分别为 0.6、0.3、0.1，则该省区人口（土地）集中度为 $0.6^2 + 0.3^2 + 0.1^2 = 0.46$。该指数值越大，城市人口（土地）集中度就越高，显然 $0 < HH < 1$。

（三）离散系数

离散系数是一个数据集的标准差与均值之商，是衡量区域经济相对离散程度的重要指标。该值越小，表示地区发展越均衡，反之发展越不均衡。为了描述城市规模体系的非均衡程度，引入城市规模体系的离散系数指标，用公式表示为：

$$CV = SD/X_i \qquad (2-9)$$

其中，CV 为离散系数，SD 为标准差，X_i 是第 i 年某省区城市规模体系的均值。离散系数大于 1，意味着城市规模体系的标准差大于城市规模体系的均值，说明离散程度很高。

第三章　中国省域城市规模体系的多元测度

省域城市规模体系不仅包括人口规模体系，而且包括土地规模体系和经济规模体系。本章利用 2018 年的数据，从城市人口规模体系、土地规模体系和经济规模体系三个方面，选取城市规模体系的齐普夫指数、二城市指数、四城市指数、全城市指数、基尼系数、HH 指数及离散系数 7 个指标，对中国省域城市规模体系进行多元和多指标测度。

第一节　中国省域城市人口规模体系的多元测度

城市人口规模体系反映了人口在各个城市中分布的位序对应、首位城市地位以及城市分布均衡状况，属于城市规模体系的基础性指标。

一　省域城市人口规模体系的静态比较

城市人口规模体系的测度涉及多元指标。从规模结构来看，采用齐普夫指数进行测度；从首位分布来看，采用二城市指数、四城市指数和全城市指数进行测度；从均衡性来看，采用基尼系数、HH指数和离散系数进行测度。表 3-1 为各省区城市人口规模体系的测度结果及排序情况。

表 3-1   各省区城市人口规模体系的测度结果及排序情况

省区	齐普夫指数	二城市指数	四城市指数	全城市指数	基尼系数	HH指数	离散系数
辽宁	0.8681/11	1.5025/14	0.8787/7	0.1914/16	0.4132/6	0.1427/9	1.0367/5
河北	0.9207/8	1.1562/19	0.4271/21	0.2002/13	0.365/9	0.1316/10	0.7019/12
山东	0.6068/20	1.0695/21	0.5092/16	0.1477/20	0.2834/19	0.0785/19	0.5967/18
江苏	0.5601/21	1.9148/8	0.6708/11	0.1903/17	0.2422/21	0.0959/16	0.5171/21
浙江	0.9899/6	2.1453/7	0.919/6	0.3193/5	0.4121/7	0.1621/5	0.9284/7
福建	1.0016/4	1.1728/18	0.4734/18	0.2334/9	0.3629/10	0.1602/6	0.7047/11
广东	0.9131/9	1.6512/12	0.6382/13	0.192/15	0.42/5	0.0856/17	0.9153/8
黑龙江	0.9862/7	4.0219/2	1.5478/3	0.3961/4	0.4453/4	0.1964/4	1.2168/3
吉林	1.1358/1	2.4556/6	1.4539/4	0.4722/2	0.4712/3	0.2792/2	1.1874/4
山西	0.8141/13	1.6554/11	0.8772/8	0.2867/6	0.3514/11	0.1469/8	0.8228/9
河南	0.6149/19	1.8551/10	0.6421/12	0.1639/19	0.2829/20	0.0775/20	0.5811/19
湖北	1.0099/3	3.8772/3	1.8041/2	0.4333/3	0.4775/2	0.2234/3	1.354/2
湖南	0.679/16	2.5248/5	0.8704/9	0.2396/8	0.302/17	0.1114/13	0.6963/15
安徽	0.6555/18	1.2217/17	0.4377/20	0.132/21	0.2912/18	0.0795/18	0.5384/20
江西	0.8927/10	1.364/15	0.5749/15	0.2255/10	0.3454/12	0.1283/11	0.673/16
内蒙古	0.8667/12	1.1304/20	0.447/19	0.2232/11	0.3322/15	0.1523/7	0.6461/17
陕西	0.9971/5	6.1295/1	2.4136/1	0.5173/1	0.4904/1	0.2958/1	1.4752/1
甘宁青	0.6875/15	1.5833/13	0.5871/14	0.1655/18	0.3246/16	0.0772/21	0.7014/13
四川	0.6556/17	3.7/4	1.416/5	0.2716/7	0.3401/13	0.1082/14	1.0017/6
云贵	1.0607/2	1.2355/16	0.502/17	0.1924/14	0.412/8	0.1117/12	0.7792/10
广西	0.7814/14	1.8971/9	0.718/10	0.2161/12	0.3348/14	0.104/15	0.7011/14
均值	0.8427	2.1554	0.8956	0.2576	0.3667	0.1404	0.8464

二   省域城市人口规模体系的位序分析——齐普夫指数

为了直观地反映齐普夫指数的变化情况，将 21 个省区人口规模体系的齐普夫指数进行排序，具体见图 3-1。可以看出，总体上中部地区和西部地区各省区的齐普夫指数排名比较靠前，东部地区各省区的齐普夫指数排名比较靠后。

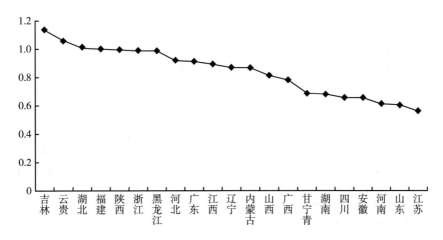

图 3-1　各省区城市人口规模体系齐普夫指数

一般认为，齐普夫指数＝1 时，城市体系处于自然状态下的最优分布；齐普夫指数≥1.2 时，为首位型分布；0.85＜齐普夫指数＜1.2 时，为集中型分布；齐普夫指数≤0.85 时，为分散均衡型分布。

从图 3-1 可以看出，齐普夫指数大于 1 的省区只有 4 个，分别是：吉林，1.1358，排在第 1 位；云贵，1.0607，排在第 2 位；湖北，1.0099，排在第三位；福建，1.0016，排在第 4 位。其中，吉林的齐普夫指数为 1.1358，表明区域内的首位城市垄断地位较强，城市体系发展不尽完善，接近首位型分布；云贵、湖北、福建的齐普夫指数非常接近 1，区域内首位城市与最小规模城市之比恰好为整个城市体系中的城市个数，城市体系处于自然状态下的最优分布。

齐普夫指数为 0.85~1 的省区有：陕西，0.9971，排在第 5 位；浙江，0.9899，排在第 6 位；黑龙江，0.9862，排在第 7 位；河北，0.9207，排在第 8 位；广东，0.9131，排在第 9 位；江西，0.8927，排在第 10 位；辽宁，0.8681，排在第 11 位；内蒙古，0.8667，排在第 12 位。其中，陕西、浙江、黑龙江的齐普夫指数非常接近 1，城市体系处于自然状态下的最优分布；河北、广东、江西、辽宁、内蒙古的齐普夫指数虽然大于 0.85，但距离 1 还有一定差距，属于集中型分布。

齐普夫指数小于 0.85 的省区有：山西，0.8141；广西，0.7814；甘宁青，0.6875；湖南，0.679；四川，0.6556；安徽，0.6555；河南，0.6149；山东，0.6068；江苏，0.5601。这些省区分别排在第 13 位至第 21 位，属于分散均衡型分布。表明高位城市规模不突出，大城市不发达，城市人口分散地分布在各等级城市中，而中小城市则比较发达。

当然齐普夫指数只是反映城市规模体系的一个指标，这个指标是对整个城市体系的人口规模与其对应位序的回归结果，齐普夫指数本身并不必然反映城市体系的首位或者非首位分布。因此，需要通过城市首位度分析予以检验。

三 省域城市人口规模体系的首位度分析

任何一个区域都有一个相对主导的中心城市，无论是双核驱动还是多核驱动的区域，尽管主导实力占优的前几位城市差距很小，但总会有一些细微差异。综观人类社会城市发展的历史，首位城市在各区域的主导作用一直存在，并成为分析城市规模体系的重要指标。

（一） 二城市指数

二城市指数是指首位城市人口规模与第二位序城市人口规模的比值。这一指标一方面用于分析首位城市的主导地位，另一方面用于区别该城市规模体系属于单核城市规模体系还是双核城市规模体系。如果二城市指数接近 1，则说明该城市规模体系属于双核城市规模体系。一般认为，首位度大于 2 的属于首位分布，首位度为 2～4 的属于中度首位分布，首位度大于 4 的属于高度首位分布。

为了找到二城市指数的变化规律，对二城市指数进行降序排列，得到图3-2。从图3-2可以直观地看到，二城市指数大于4的省区有陕西和黑龙江；二城市指数为3~4的省区有湖北和四川；湖南、吉林、浙江的二城市指数为2~3；大部分省区的二城市指数小于2。

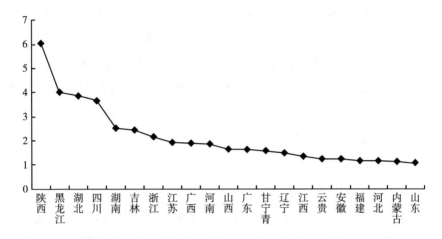

图3-2　各省区城市人口规模体系二城市指数

二城市指数明显大于4的省区是陕西，二城市指数达到6.1295。其中，陕西省的省会城市西安市市辖区人口为852万人，而陕西省第二大城市宝鸡市市辖区人口只有139万人，二者的差距较大，西安市表现出较强的垄断性。黑龙江的二城市指数为4.0219，属于高度首位分布。其中，黑龙江省的省会城市哈尔滨市市辖区人口为551万人，而黑龙江省第二大城市大庆市市辖区人口只有137万人，前者是后者的4.02倍。

二城市指数为2~4的属于中度首位分布，这些省区有湖北、四川、湖南、吉林、浙江。其中，湖北的二城市指数为3.8772，四川的二城市指数为3.7，二者均非常接近4，因此可以认为接近高度首位分布。湖南、吉林、浙江的二城市指数分别为2.5248、2.4556、2.1453，比较接近2，可以认为属于较强的首位分布。

另外，江苏、广西、河南的二城市指数分别为1.9148、1.8971、

1.8551，也非常接近 2，可以认为属于首位分布。

其余 11 个省区的二城市指数均小于 1.7，最小的仅为 1.0695，远没有达到首位分布。这些省区分别是：山西，1.6554；广东，1.6512；甘宁青，1.5833；辽宁，1.5025；江西，1.364；云贵，1.2355；安徽，1.2217；福建，1.1728；河北，1.1562；内蒙古，1.1304；山东，1.0695。在这 11 个省区中，大部分省区由于首位城市优势不足，其二城市指数小于 2；也有一些省区则是由于存在双核城市，其二城市指数较小。作为具有副省级城市的山东、辽宁、福建，则具有双核驱动的特点。例如，济南人口为 554 万人，而青岛人口达 518 万人；沈阳人口为 601 万人，而大连人口达 400 万人；福州人口为 285 万人，而厦门人口达 243 万人。另外，广州人口为 928 万人，而汕头人口达 562 万人。

总体来看，二城市指数从西向东递减，其中西部地区二城市指数的均值为 2.6126，中部地区二城市指数的均值为 2.3720，东部地区二城市指数的均值为 1.5160。

（二）四城市指数

从四城市指数来看，正常情况下的四城市指数应该是 1。从图 3-3 可以看出，有 5 个省区的四城市指数大于 1，分别是：陕西，2.4136；湖北，1.8041；黑龙江，1.5478；吉林，1.4539；四川，1.416。这些省区集中在中西部地区，实际上也是二城市指数远远大于 2 的省区。由于四城市指数包含了第三位序和第四位序城市的人口信息，因此其排序和二城市指数可能不完全一样。浙江的四城市指数为 0.919，比较接近合理的状态。辽宁、山西、湖南的四城市指数分别为 0.8787、0.8772、0.8704，与标准的四城市指数也比较接近。其余省区的四城市指数明显小于合理值，主要是因为首位城市优势不明显，或者是区域内存在双核城市从而削弱了首位城市的辐射能力。具体来讲，四城市指数为 0.5~0.8 的省区有：

广西，0.718；江苏，0.6708；河南，0.6421；广东，0.6382；甘宁青，0.5871；江西，0.5749；山东，0.5092；云贵，0.502。四城市指数小于0.5的省区有：福建，0.4734；内蒙古，0.447；安徽，0.4377；河北，0.4271。在这些省区中，广东、山东、福建属于双核城市驱动的省区，而其他省区则属于首位城市优势不足的省区。

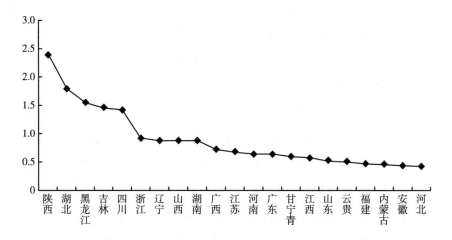

图3-3　各省区城市人口规模体系四城市指数

与二城市指数的地区分布类似，四城市指数的分布也是东部地区最小。但与二城市指数的地区分布不同的是，中部地区四城市指数的均值要高于西部地区，原因是相对于西部地区第三位序和第四位序城市来说，中部地区相应位序城市的人口规模更小。具体来说，中部地区四城市指数的均值为1.0260，西部地区四城市指数的均值为1.0140，而东部地区四城市指数的均值为0.6452，是三大区域中最小的。

（三）全城市指数

二城市指数和四城市指数强调的是首位城市对第二位序到第四

位序城市的垄断性或者支配地位。而对第四位序后城市的信息没有考虑到，因此无法从总体上反映首位城市对整个区域人口的支配地位或者优势。而全城市指数则通过首位城市与区域内所有城市人口总量进行比较，更能反映首位城市对区域的支配地位或者增长极地位。

越是位序靠后的城市，其人口规模越小，因此在一般情况下全城市指数与二城市指数和四城市指数的位序相差不会太大。但也有例外的情况，尽管位序靠后的城市其人口规模会变小，但如果它们的规模均衡的话，也会使得全城市指数变小。

从图 3-4 可以看出，陕西的全城市指数达到 0.5173，表明西安市市辖区人口占地级市以上城市市辖区人口的半壁江山。近年来，随着西安被纳入国家中心城市建设行列以及大西安的建设，西安市人口规模扩容明显。吉林、湖北、黑龙江的全城市指数分别为 0.4722、0.4333、0.3961，其首位城市人口规模占所在区域地级市以上城市市辖区人口总和的四至五成，其中长春和哈尔滨作为东北传统的区域核心城市，其人口规模优势明显。武汉作为长江中游经济带和武汉城市群的核心城市，其核心作用也非常显著。浙江、山西、四川的全城市指数分别为 0.3193、0.2867、0.2716，其首位城市人口规模占所在区域地级市以上城市市辖区人口总和的三成左右。其他省区，如湖南、福建、江西、内蒙古、广西、河北、云贵、广东、辽宁、江苏的首位城市人口规模占所在区域地级市以上城市市辖区人口总和的两成左右，说明首位城市对整个区域的核心作用不是很强。这些区域要么是城镇化已经高度均衡的区域，要么是城镇化还没有进入核心城市带动时期的区域，部分区域则是双核城市驱动而导致全城市指数比较低。甘宁青、河南、山东、安徽的全城市指数不足 0.17，说明区域首位城市的辐射作用十分有限。

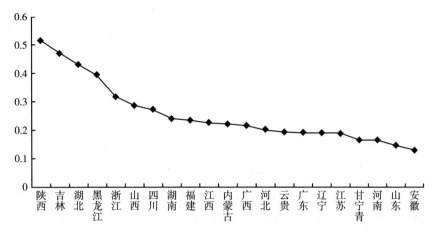

图 3-4　各省区城市人口规模体系全城市指数

四　省域城市人口规模体系的均衡性分析

虽然城市规模分布的齐普夫法则的分维值能够在某种程度上反映出区域城市规模分布的集中或分散程度，但是它更强调人口规模与其相对应的位序之间的关系；而城市首位度则聚焦于对靠前位序城市的规模进行比较，并不能反映出整个区域城市规模分布的均衡状况。因此，反映城市规模分布的非均衡程度，需要采集整个区域内各个城市的人口信息，从不同角度来刻画区域人口规模分布的非均衡程度。其中，基尼指数、HH 指数、离散系数均从样本的整体出发，从不同方面来描述城市人口规模体系的非均衡程度。

（一）基尼系数

城市地理学的研究者们通常认为城市基尼系数在 0.2 以下表示"高度平均"，0.2~0.3 表示"相对平均"，0.3~0.4 表示"较有差异"，0.4~0.5 表示"差异很大"，0.5 以上则表示"异常悬殊"。当然，与传统的用于测度贫富差距的基尼系数不同，这里的城市基尼系数并不是越小越好，这与城市首位度和齐普夫指数得出的结论并不相悖。因为城市基尼系数偏低说明区域人口规模分布过于平均，不同城市之间人口数量的级差不明显，若想要达到齐普夫法则的理想状态，城市基尼系数应该维持在一个较高的水平。

从图3-5可以看出，基尼系数为0.4～0.5的省区有陕西、湖北、吉林、黑龙江、广东、辽宁、浙江、云贵，这些省区内的城市人口规模差异很大，基尼系数分别为0.4904、0.4775、0.4712、0.4453、0.42、0.4132、0.4121、0.412。其实大多数省区的二城市指数和四城市指数本身就比较大，而广东的二城市指数和四城市指数虽然不大，但由于区域内城市数量多，且彼此间差距很大，因此广东的基尼系数自然也大。

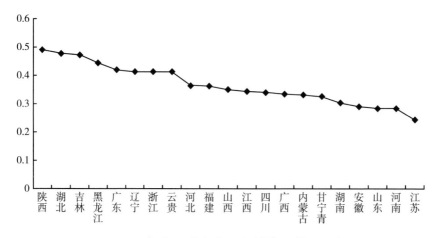

图3-5　各省区城市人口规模体系基尼系数

基尼系数为0.3～0.4，说明区域内城市的人口规模较有差异。基尼系数为0.3～0.4的省区分别是：河北，0.365；福建，0.3629；山西，0.3514；江西，0.3454；四川，0.3401；广西，0.3348；内蒙古，0.3322；甘宁青，0.3246；湖南，0.302。这些省区除四川的二城市指数和四城市指数比较大以外，其他省区的二城市指数和四城市指数本身并不大，只是区域内城市的人口规模较大，从而导致较大的基尼系数。

基尼系数为 0.2~0.3，表示区域内城市的人口规模相对平均。基尼系数为 0.2~0.3 的省区有 4 个，分别是：安徽，0.2912；山东，0.2834；河南，0.2829；江苏，0.2422。这些省区的二城市指数、四城市指数和全城市指数本身就比较小，首位城市优势不明显，其他城市之间的差距也比较小。

总体来看，基尼系数的分布呈现从西向东递减的态势。具体来看，西部地区基尼系数的均值为 0.3724，中部地区基尼系数的均值为 0.3709，东部地区基尼系数的均值为 0.3570。

（二）HH 指数

HH 指数原本是一种用来测度产业集中度的综合指数，该指数的高低可以反映产业的集中程度。因此，城市规模研究也可用 HH 指数来反映区域城市人口的集中程度，其值越趋近于 1，表示该地区城市人口规模的集聚度越高；其值越趋近于 0，表示该地区城市人口规模的集聚度越低。虽然 HH 指数也是刻画人口规模分布非均衡性的一个指标，但与基尼系数不同的是，HH 指数更多的是用单个城市人口规模占总人口规模比重的平方和来反映城市人口分布的集中程度。该指数越大，城市人口的集中程度就越高。

一般来说，HH 指数在 0.1 以下表示"高度分散"，0.1~0.15 表示"相对分散"，0.15~0.2 表示"相对集中"，0.2~0.25 表示"中度集中"，0.25 以上表示"高度集中"。

从图 3-6 可以看出，HH 指数大于 0.25 的省区是：陕西，0.2958；吉林，0.2792。说明这两个省区的人口规模分布高度集中，而且这两个省区的城市首位度及基尼系数也很大。

HH 指数为 0.2~0.25 的省区是湖北，为 0.2234。说明湖北的人口规模分布中度集中。

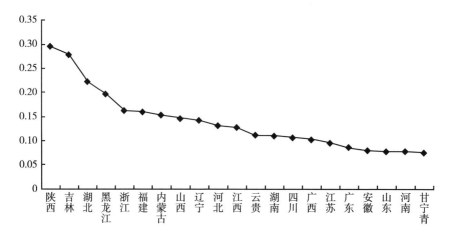

图 3-6　各省区城市人口规模体系 HH 指数

HH 指数为 0.15 ~ 0.2 的省区是：黑龙江，0.1964；浙江，0.1621；福建，0.1602；内蒙古，0.1523。说明这些省区内城市间的人口规模分布相对集中。

HH 指数为 0.1 ~ 0.15 的省区是：山西，0.1469；辽宁，0.1427；河北，0.1316；江西，0.1283；云贵，0.1117；湖南，0.1114；四川，0.1082；广西，0.104。说明这些省区内城市间的人口规模分布相对分散。

HH 指数在 0.1 以下的省区是：江苏，0.0959；广东，0.0856；安徽，0.0795；山东，0.0785；河南，0.0775；甘宁青，0.0772。说明这些省区内城市间的人口规模分布高度分散。

总体来看，HH 指数也是东部地区最低，但中部地区的 HH 指数要高于西部地区。东部、中部、西部地区 HH 指数的均值分别为 0.1224、0.1553、0.1415。

（三）离散系数

离散系数是用样本的标准差除以样本的均值，反映的是样本的整体离散程度。离散系数大于 1，意味着样本的标准差大于样本的均值，说明离散程度较高。离散系数小于 1，则意味着样本的标准差小于样本的均值，说明离散程度较低。为便于分类比较样本的离散程度，设定离散系数大于 1.5，表示离散程度很高；离散系数为 1 ~ 1.5，表示离散程度高；离散系数为 0.5 ~ 1，表示离散程度中等；离散系数小于 0.5；则表示离散程度低。

从图 3-7 可以看出，离散系数为 1 ~ 1.5 的省区有：陕西，1.4752；湖北，1.354；黑龙江，1.2168；吉林，1.1874；辽宁，1.0367；四川，1.0017。其中，陕西的离散系数最大，接近 1.5，离散程度高，说明样本间的差异很大。

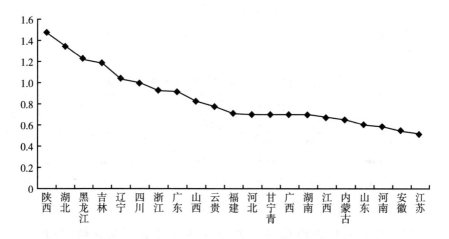

图3-7　各省区城市人口规模体系离散系数

其余省区的离散系数均为 0.5 ~ 1，分别是：浙江，0.9284；广东，0.9153；山西，0.8228；云贵，0.7792；福建，0.7047；河北，0.7019；甘宁青，0.7014；广西，0.7011；湖南，0.6963；江西，0.673；内蒙古，0.6461；山东，0.5967；河南，0.5811；安徽，0.5384；江苏，0.5171。说明我国绝大多数省区内城市之间人口规模的离散程度属于中等。

总体来看，离散系数的分布呈现从西向东递减的态势。具体来看，西部地区离散系数的均值为 0.8841，中部地区离散系数的均值为 0.8837，东部地区离散系数的均值为 0.7715。

五 城市人口规模体系测度的区域性规律分析

首先，从人口规模体系的齐普夫指数来看，三大地区的差别不是很大，齐普夫指数为 0.83~0.85。其中，中部地区人口规模体系的齐普夫指数最大，为 0.8485；西部地区人口规模体系的齐普夫指数居中，为 0.8415；东部地区人口规模体系的齐普夫指数最小，为 0.8372（见表 3-2）。也就是说，相对于东部地区和西部地区来说，中部地区高位序城市的优势更为突出，西部地区高位序城市的优势比东部地区突出，而东部地区高位序城市的优势最不突出，城市人口规模体系比较扁平。

表 3-2 三大地区城市人口规模体系各项指标对比

地区	齐普夫指数	二城市指数	四城市指数	全城市指数	基尼系数	HH 指数	离散系数
东部	0.8372	1.5160	0.6452	0.5950	0.3570	0.1224	0.7715
中部	0.8485	2.3720	1.0260	0.7730	0.3709	0.1553	0.8837
西部	0.8415	2.6126	1.0140	0.4818	0.3724	0.1415	0.8841

其次，从人口规模体系的首位度指标来看，除全城市指数外，东部地区无论是二城市指数还是四城市指数，均小于中部地区和西部地区的相应指标，再次反映了相对于中部地区和西部地区来说，东部地区的首位城市优势不明显。东部地区二城市指数的均值小于 2，四城市指数的均值小于 1，全城市指数的均值小于 0.6，说明东部地区首位城市的各项指标也小于相应的参照值。就中部地区和西部地区来说，二者的二城市指数和四城市指数的均值均分别大于 2 和 1，说明中部地区和西部地区首位城市的优势非常明显。西部地区的二城市指数大于中部地区，但四城市指数略小于中部地区，全城市指数则明显小于中部地区。

最后，从人口规模体系的均衡性指标来看，东部地区的基尼系数、HH 指数和离散系数均小于中部地区和西部地区，说明东部地区人口规模体系分布的均衡性要高于中部地区和西部地区。中部地区和西部地区人口规模体系的各项均衡性指标比较接近，西部地区的基尼系数和离散系数略高于中部地区，但 HH 指数略低于中部地区。由此可见，中部地区和西部地区人口规模体系的非均衡性都比较高。

第二节 中国省域城市土地规模体系的多元测度

城市土地规模体系反映了土地面积在各个城市中分布的位序对应、首位城市地位以及城市分布均衡状况，属于城市规模体系的空间指标。

一 省域城市土地规模体系的静态比较

土地规模体系也是城市规模体系的重要组成部分。表 3-3 为各省区城市土地规模体系的测度结果及排序情况。

表 3-3 各省区城市土地规模体系的测度结果及排序情况

省区	齐普夫指数	二城市指数	四城市指数	全城市指数	基尼系数	HH 指数	离散系数
辽宁	0.8399/9	1.3861/13	0.7388/12	0.2504/13	0.3889/11	0.1258/14	0.9058/10
河北	0.69/19	1.241/18	0.4732/21	0.1914/20	0.2873/21	0.1165/16	0.5569/21
山东	0.7032/18	1.2201/20	0.5129/20	0.1691/21	0.3327/17	0.0881/21	0.7271/18
江苏	0.7363/17	1.7164/12	0.7495/11	0.2319/18	0.3244/18	0.1128/17	0.7104/19
浙江	1.0324/7	1.7878/10	0.7339/14	0.2885/10	0.4118/9	0.1526/8	0.8639/13
福建	1.1891/3	1.3276/15	0.6126/17	0.3016/6	0.4444/6	0.1931/5	0.9112/9
广东	1.2085/2	1.3146/16	0.5912/19	0.24/16	0.5644/1	0.1324/13	1.3672/3
黑龙江	1.0379/6	1.7721/11	0.8085/9	0.2956/8	0.4287/8	0.1512/9	0.9426/8
吉林	1.2095/1	2.8229/5	1.7372/3	0.5187/2	0.5092/4	0.3177/2	1.3275/4
山西	0.8396/11	2.7157/6	1.2423/5	0.353/5	0.383/12	0.1732/7	0.998/7

续表

省区	齐普夫指数	二城市指数	四城市指数	全城市指数	基尼系数	HH指数	离散系数
河南	0.6877/20	2.4954/8	1.0037/7	0.2401/15	0.3369/16	0.0996/19	0.8577/14
湖北	0.9169/8	3.6382/3	1.4836/4	0.4009/4	0.4432/7	0.2001/3	1.2365/6
湖南	0.7617/16	2.9247/4	1.0865/6	0.2927/9	0.3498/15	0.1331/12	0.8892/12
安徽	0.6634/21	2.6034/7	0.9957/8	0.2444/14	0.3195/19	0.1028/18	0.8292/16
江西	0.8269/13	1.8833/9	0.7921/10	0.2765/11	0.3518/14	0.1408/11	0.7766/17
内蒙古	0.7689/15	1.2322/19	0.5977/18	0.2515/12	0.3071/20	0.1508/10	0.634/20
陕西	1.1362/5	7.3895/1	2.8537/1	0.5726/1	0.5501/2	0.3507/1	1.6692/1
甘宁青	0.8399/10	1.2463/17	0.6309/16	0.1954/19	0.3972/10	0.0929/20	0.8984/11
四川	0.8385/12	6.905/2	2.4672/2	0.4135/3	0.4781/5	0.1992/4	1.6256/2
云贵	1.1695/4	1.1951/21	0.7375/13	0.3014/7	0.5257/3	0.1762/6	1.2568/5
广西	0.8005/14	1.3664/14	0.7338/15	0.2387/17	0.3689/13	0.1194/15	0.8502/15

二 省域城市土地规模体系的位序分析——齐普夫指数

为了直观地反映各省区在土地规模位序分布方面的情况,对土地规模体系的齐普夫指数进行降序排列。从图3-8可以看出,齐普夫指数大于1.2的省区有2个,分别是吉林和广东,属于较为明显的首位型分布。齐普夫指数为1~1.2的省区有福建、云贵、陕西、黑龙江、浙江,其齐普夫指数分别为1.1891、1.1695、1.1362、1.0379、1.0324,属于首位城市略占优的位序-规模分布。湖北的齐普夫指数为0.9169,属于典型的集中型分布。辽宁、甘宁青、山西、四川、江西、广西的齐普夫指数为0.8~0.9,属于相对分散型分布。其余省区,如内蒙古、湖南、江苏、山东、河北、河南、安徽的齐普夫指数均小于0.8,属于分散型分布。

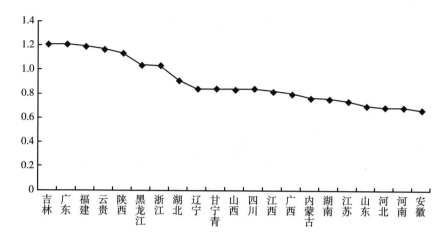

图 3-8 各省区城市土地规模体系齐普夫指数

三 省域城市土地规模体系的首位度分析

(一) 二城市指数

从图 3-9 可以看出,二城市指数较高的省区有陕西和四川,二城市指数分别为 7.3895 和 6.905,远远大于 4,属于超高首位分布。主要是这两个省区的首位城市相对于第二位序城市的建成区面积具有绝对优势。例如,西安市的建成区面积为 702 平方千米,而第二大城市宝鸡市的建成区面积仅为 95 平方千米;成都市的建成区面积为 1167 平方千米,而德阳市的建成区面积仅为 169 平方千米。陕西和四川均位于西部地区,经济增长主要靠发挥省会城市的增长极作用,因而具有非常大的二城市指数。湖北的二城市指数为 3.6382,接近 4,接近高度首位分布。其中,武汉市的建成区面积为 724 平方千米,而第二大城市襄阳市的建成区面积仅为 199 平方千米。

总体来看,中度首位分布的省区主要位于中部地区。湖南、吉林、山西、安徽、河南 5 个省区属于中度首位分布,其二城市指数

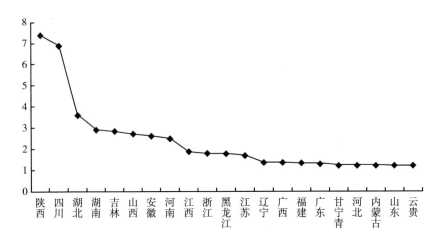

图 3-9 各省区城市土地规模体系二城市指数

分别为 2.9247、2.8229、2.7157、2.6034、2.4954。其中，长沙市的建成区面积为 427 平方千米，第二大城市株洲市的建成区面积为 146 平方千米；长春市的建成区面积为 542 平方千米，第二大城市吉林市的建成区面积为 192 平方千米；太原市的建成区面积为 340 平方千米，第二大城市大同市的建成区面积为 125 平方千米；合肥市的建成区面积为 466 平方千米，第二大城市芜湖市的建成区面积为 179 平方千米；郑州市的建成区面积为 544 平方千米，第二大城市开封市的建成区面积为 164 平方千米。

接近二城市指数分布的省区主要有江西、浙江、黑龙江、江苏 4 个省区，它们的二城市指数分别为 1.8833、1.7878、1.7721、1.7164，介于 1.7 和 2 之间。

其余省区的二城市指数均没有达到标准的二城市指数分布，有的是本身首位城市不明显，有的则是区域内存在双核城市导致二城市指数不明显。例如，沈阳市的建成区面积为 560 平方千米，而大连市的建成区面积达 404 平方千米；济南市虽然是山东省的省会，但其建成区面积为 524 平方千米，比副省级城市青岛市的 715 平方千米还要小；福州市作为福建省的省会，其建成区面积为 293 平方千米，比副省级城市厦门市的 389 平方千米明显小得多；广州市的建成区面积为 1300 平方千米，深圳市的建成区面积达 928 平方千米，二者的差距不是特别明显。另外，广西、甘宁青、河北、内蒙古、云贵的二城市指数也明显偏离 2，分别为 1.3664、1.2463、1.241、1.2322、1.1951，主要原因是首位城市优势不足。

（二）四城市指数

正常情况下，四城市指数应该是 1。从图 3-10 可以看出，与二城市指数的分布类似，陕西和四川的四城市指数分别为 2.8537 和 2.4672，进一步说明这两个省区首位城市的优势极为明显。例如，西安市的建成区面积为 702 平方千米，而第二大城市宝鸡市的建成区面积仅为 95 平方千米，渭南市的建成区面积为 78 平方千米，咸阳市的建成区面积为 73 平方千米；成都市的建成区面积为 1167 平方千米，而德阳市的建成区面积仅为 169 平方千米，广元市的建成区面积为 159 平方千米，攀枝花市的建成区面积为 124 平方千米。

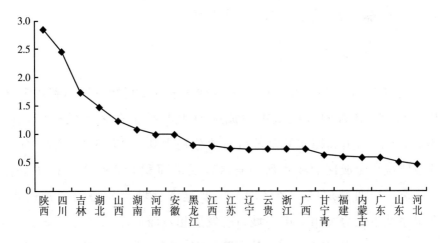

图 3-10 各省区城市土地规模体系四城市指数

吉林和湖北的四城市指数也明显大于最优状态下 1 的标准，分别达到 1.7372 和 1.4836。例如，长春市的建成区面积为 542 平方千米，第二大城市吉林市的建成区面积为 192 平方千米，第三大城市四平市和第四大城市通化市的建成区面积分别为 62 平方千米和 58 平方千米；武汉市的建成区面积为 724 平方千米，而第二大城市襄阳市的建成区面积仅为 199 平方千米，第三大城市宜昌市和第四大城市十堰市的建成区面积分别为 176 平方千米和 113 平方千米。

四城市指数接近标准值 1 的省区有湖南、河南、安徽，分别为 1.0865、1.0037、0.9957。这些省区的二城市指数虽然明显大于 2，但由于区域内第三大城市和第四大城市的建成区面积比较大，因此四城市指数相对于二城市指数有所下降，达到接近 1 的标准。

其余省区的四城市指数明显小于 1，其实这些省区的二城市指数也小于 2。一方面，这些省区内存在双核城市，或者首位城市尚没有形成，或者城镇化发展相对均衡，从而导致首位城市的优势被弱化。这些省区包括黑龙江、江西、江苏、辽宁、云贵、浙江、广西、甘宁青、福建、内蒙古、广东、山东和河北。

（三）全城市指数

从图 3-11 可以看出，陕西和吉林的全城市指数分别达到 0.5726 和 0.5187，各自的首位城市建成区面积占所在省区建成区面积的 50% 以上。四川和湖北的全城市指数分别为 0.4135 和 0.4009，各自的首位城市建成区面积占所在省区建成区面积的 40% 多。这 4 个省区均位于中西部地区，经济增长主要是省会城市核心增长极模式，高位序城市优势突出，中小城市的发展相对滞后。

全城市指数为 0.3 ~ 0.4 的省区有山西、福建、云贵，分别为 0.353、0.3016、0.3014，首位城市建成区面积占所在省区建成区面积的比重基本得到三分天下的优势。

绝大多数省区的全城市指数为 0.2 ~ 0.3，说明大多数省区首位

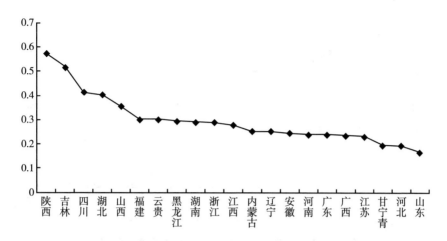

图 3-11　各省区城市土地规模体系全城市指数

城市建成区面积占所在省区建成区面积的两成至三成。少数省区，如甘宁青、河北和山东的全城市指数都小于 0.2，说明首位城市建成区面积相对于所在省区建成区面积的优势不明显。

四　省域城市土地规模体系的均衡性分析

（一）基尼系数

基尼系数大于 0.5 的省区内各城市建成区面积异常悬殊。从图 3-12 可以看出，基尼系数大于 0.5 的省区有广东、陕西、云贵、吉林，基尼系数分别为 0.5644、0.5501、0.5257、0.5092。虽然广东和云贵的二城市指数和四城市指数不是很大，但由于这两个省区所辖地级市较多，且彼此间差异较大，因此基尼系数较大。而陕西、吉林则不仅二城市指数和四城市指数偏大，而且省区内各城市之间的建成区面积差异较大，从而导致异常悬殊的基尼系数。

基尼系数为 0.4~0.5 的省区内城市建成区面积差异很大。这些省区包括四川、福建、湖北、黑龙江、浙江，基尼系数分别为

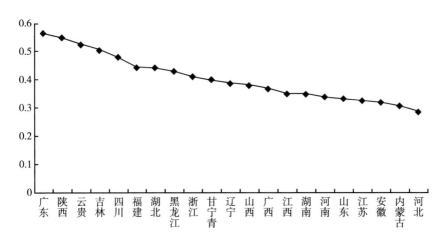

图3-12　各省区城市土地规模体系基尼系数

0.4781、0.4444、0.4432、0.4287、0.4118。这些省区既有二城市指数和四城市指数非常突出的四川和湖北，也包括二城市指数和四城市指数不太突出的福建、黑龙江和浙江。

总体来看，基尼系数为0.3~0.4的省区最多，有11个，包括甘宁青、辽宁、山西、广西、江西、湖南、河南、山东、江苏、安徽、内蒙古。这说明我国绝大多数省区内城市土地规模体系的基尼系数较小，彼此间属于较有差异的状态。

河北的基尼系数为0.2873，是唯一一个基尼系数低于0.3的省区。这说明河北省内各城市之间建成区面积的大小相对均衡。

（二）HH指数

从图3-13可以看出，陕西和吉林的HH指数分别为0.3507和0.3177，远远大于0.25，达到高度集中的程度。事实上，这两个省区的城市首位度和基尼系数本身就很大。省会城市作为首位城市，其建成区面积占各自省区地级以上城市市辖区面积总和的比重很高。

HH指数为0.2~0.25的省区为湖北，HH指数为0.2001，属于中度集中。

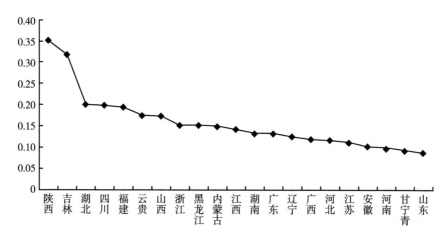

图 3-13 各省区城市土地规模体系 HH 指数

HH 指数为 0.15～0.2 的省区有四川、福建、云贵、山西、浙江、黑龙江、内蒙古，HH 指数分别为 0.1992、0.1931、0.1762、0.1732、0.1526、0.1512、0.1508。这些省区在东部、中部、西部地区均有分布，说明这些省区内各城市建成区面积的分布相对集中。

HH 指数为 0.1～0.15 的省区有江西、湖南、广东、辽宁、广西、河北、江苏、安徽，HH 指数分别为 0.1408、0.1331、0.1324、0.1258、0.1194、0.1165、0.1128、0.1028。这些省区内各城市的建成区面积差距不大，表现为相对分散。

HH 指数在 0.1 以下的省区有河南、甘宁青、山东，HH 指数分别为 0.0996、0.0929、0.0881。这些省区内各城市的建成区面积差距很小，表现为高度分散。

（三）离散系数

从图 3-14 可以看出，陕西和四川的离散系数均超过 1.5，分别为 1.6692 和 1.6256，这两个省区均位于西部地区。说明这两个省区内各城市建成区面积的离散程度很高，其实这与这两个省区的基尼系数、HH 指数较大也是吻合的。

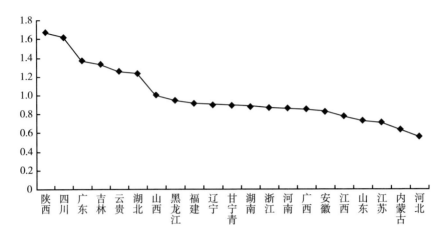

图 3-14　各省区城市土地规模体系离散系数

离散系数为 1~1.5 的省区有广东、吉林、云贵、湖北，这 4 个省区在东部、中部、西部均有分布，离散系数分别为 1.3672、1.3275、1.2568、1.2365。这些省区内土地规模的标准差达到其平均值的 1.5 倍，说明这些省区内各城市建成区面积的离散程度高。

其余省区的离散系数为 0.5~1，这些省区内各城市建成区面积的离散程度中等。这些省区包括山西、黑龙江、福建、辽宁、甘宁青、湖南、浙江、河南、广西、安徽、江西、山东、江苏、内蒙古、河北。

五　城市土地规模体系测度的区域性规律分析

首先，从土地规模体系的齐普夫指数来看，三大地区的齐普夫指数为 0.86~0.93。因为三大地区人口规模体系的齐普夫指数均小于 0.85，因此可以说三大地区内高位序城市的土地规模优势比人口规模优势更明显。其中，西部地区土地规模体系的齐普夫指数最大，为 0.9256；东部地区土地规模体系的齐普夫指数居中，为 0.9142；中部地区土地规模体系的齐普夫指数最小，为 0.8680

（见表3-4）。也就是说，相对于东部地区和西部地区来说，中部地区高位序城市的优势最不突出，而西部地区高位序城市的优势比东部地区突出。

表3-4 三大地区城市土地规模体系各项指标对比

地区	齐普夫指数	二城市指数	四城市指数	全城市指数	基尼系数	HH指数	离散系数
东部	0.9142	1.4277	0.6303	0.2390	0.3934	0.1316	0.8632
中部	0.8680	2.6070	1.1437	0.3277	0.3903	0.1648	0.9822
西部	0.9256	3.2224	1.3368	0.3289	0.4379	0.1815	1.1557

其次，从土地规模体系的首位度指标来看，东部地区无论是二城市指数、四城市指数还是全城市指数，均小于中部地区和西部地区的相应指标，再次反映了相对于中部地区和西部地区来说，东部地区的首位城市优势不明显。东部地区二城市指数的均值小于2，四城市指数的均值小于1，全城市指数的均值小于0.3，说明东部地区首位城市的各项指标也小于相应的参照值。就中部地区和西部地区来说，二者的二城市指数和四城市指数的均值均分别大于2和1，说明中部地区和西部地区首位城市的优势非常明显。西部地区的二城市指数、四城市指数和全城市指数均明显大于中部地区的相应指标，说明就土地规模体系来看，西部地区首位城市的影响力和控制力明显强于中部地区首位城市。

最后，从土地规模体系的均衡性指标来看，除基尼系数外，东部地区的HH指数和离散系数均小于中部地区和西部地区，说明东部地区土地规模体系分布的均衡性要高于中部地区和西部地区。中部地区和西部地区土地规模体系的各项均衡性指标都比较高，且西部地区的基尼系数、HH指数和离散系数均明显高于中部地区。由此可见，中部地区和西部地区土地规模体系的非均衡性都比较高，西部地区的非均衡性更高。

第三节　中国省域城市经济规模体系的多元测度

一　省域城市经济规模体系的静态比较

相对于城市人口规模体系和土地规模体系来说，对城市经济规模体系进行测度的文献并不多。其实，对城市经济规模体系进行测度，并与人口规模体系和土地规模体系进行关联分析，有助于获得人口、土地、经济三者之间的内在关系和耦合情况，为经济社会全面发展提供参考。表3-5给出了各省区城市经济规模体系的测度结果及排序情况。

表3-5　各省区城市经济规模体系的测度结果及排序情况

省区	齐普夫指数	二城市指数	四城市指数	全城市指数	基尼系数	HH指数	离散系数
辽宁	1.3646/8	1.0568/19	0.7947/14	0.3272/12	0.5866/6	0.2168/8	1.4807/8
河北	0.956/17	1.0243/20	0.5681/20	0.2353/19	0.3872/21	0.1455/18	0.8125/20
山东	0.9425/18	1.2795/16	0.6364/17	0.2182/21	0.4329/19	0.1091/21	0.9529/18
江苏	0.9194/19	1.4603/13	0.6157/18	0.2335/20	0.3893/20	0.1227/20	0.8033/21
浙江	1.3798/6	1.8478/11	1.0114/11	0.3922/9	0.5468/9	0.2228/7	1.2632/12
福建	1.2023/10	1.0027/21	0.5539/21	0.2816/16	0.4442/16	0.1941/12	0.9169/19
广东	1.584/3	1.0596/18	0.5805/19	0.2736/18	0.6682/2	0.1702/14	1.6439/6
黑龙江	1.7111/2	1.9343/10	1.3291/9	0.4897/6	0.673/1	0.3138/4	1.7368/5
吉林	1.7382/1	4.182/5	2.7612/4	0.6648/1	0.6624/3	0.473/1	1.7838/4
山西	1.1398/11	5.6577/4	2.1668/5	0.5024/5	0.5237/10	0.282/6	1.5204/7
河南	0.8231/21	3.3714/8	1.7293/6	0.3571/10	0.4395/17	0.1597/15	1.3495/9
湖北	1.4346/4	6.8957/3	2.9417/3	0.6087/3	0.6548/4	0.3908/3	2.0062/2
湖南	1.0809/12	4.023/6	1.5331/7	0.4062/7	0.4959/12	0.2031/11	1.3328/11
安徽	0.8787/20	2.6008/9	1.2694/10	0.3262/14	0.4386/18	0.1467/17	1.1985/14
江西	1.0165/14	3.4835/7	1.4178/8	0.4003/8	0.4501/15	0.2038/10	1.1689/15
内蒙古	1.2624/9	1.1402/17	0.6925/16	0.3269/13	0.4758/13	0.2153/9	1.027/17
陕西	1.3765/7	7.0939/2	3.0033/2	0.6222/2	0.6194/5	0.4073/2	1.8478/3
甘宁青	1.0287/13	1.7844/12	0.8351/13	0.2784/17	0.5045/11	0.1318/19	1.2602/13

续表

省区	齐普夫指数	二城市指数	四城市指数	全城市指数	基尼系数	HH指数	离散系数
四川	0.978/16	9.6067/1	3.7116/1	0.5231/4	0.5772/7	0.2895/5	2.1116/1
云贵	1.3838/5	1.4346/14	0.8353/12	0.3348/11	0.5745/8	0.1901/13	1.3374/10
广西	1.0027/15	1.323/15	0.7745/15	0.2819/15	0.4592/14	0.1501/16	1.0888/16
均值	1.2002	3.0125	1.4172	0.385	0.5240	0.2256	1.3640

二　省域城市经济规模体系的位序分析——齐普夫指数

相对于人口规模体系和土地规模体系的齐普夫指数来说，各省区经济规模体系的齐普夫指数明显偏大。从图3-15可以看出，有15个省区的齐普夫指数大于1，只有6个省区的齐普夫指数小于1。这说明相对于人口规模体系和土地规模体系来说，高位序城市的经济规模体系控制力更强、集聚作用更明显。

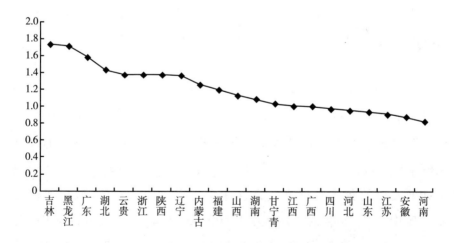

图3-15　各省区城市经济规模体系齐普夫指数

吉林和黑龙江的齐普夫指数均大于1.6，说明这两个省区高位序城市的优势十分明显。另外，广东和湖北的齐普夫指数均大于

1.4，说明这两个省区高位序城市的优势明显。相对来说，齐普夫指数为 1.2~1.4 的省区数量较多，分别是云贵、浙江、陕西、辽宁、内蒙古、福建，这些省区高位序城市的经济规模优势比较突出。

齐普夫指数为 1~1.2 的省区有 5 个，分别是山西、湖南、甘宁青、江西、广西，齐普夫指数分别为 1.1398、1.0809、1.0287、1.0165、1.0027。这些省区属于相对集中的齐普夫分布。

其他省区，如四川、河北、山东、江苏、安徽、河南的齐普夫指数均小于 1，分别为 0.978、0.956、0.9425、0.9194、0.8787、0.8231。这些省区属于比较标准的齐普夫分布。

三 省域城市经济规模体系的首位度分析

（一） 二城市指数

从图 3-16 可以看出，四川、陕西、湖北、山西的经济规模体系二城市指数分别为 9.6067、7.0939、6.8957、5.6577，达到非常高的首位度。这些省区的人口规模体系二城市指数分别为 3.7、6.1295、3.8772、1.6554。就经济规模体系二城市指数和人口规模体系二城市指数来看，在这 4 个省区中，除陕西的经济规模体系二城市指数略大于人口规模体系二城市指数外，其余 3 个省区的经济规模体系二城市指数均远远大于人口规模体系二城市指数，这说明相对于人口的集聚程度来说，这 4 个省区 GDP 的首位城市集聚更强。其中，成都市的 GDP 为 12300.63 亿元，绵阳市的 GDP 为 1280.43 亿元；西安市的 GDP 为 8014.60 亿元，宝鸡市的 GDP 为 1129.79 亿元；武汉市的 GDP 为 14847.29 亿元，襄阳市的 GDP 为 2153.13 亿元；太原市的 GDP 为 3606.09 亿元，大同市的 GDP 为 637.38 亿元。

吉林和湖南的二城市指数为 4 左右，具体为 4.182 和 4.023，说

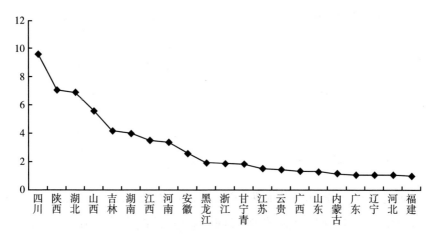

图 3-16 各省区城市经济规模体系二城市指数

明这两个省区均为高度首位分布。其中，长春市的 GDP 为 5708.22 亿元，吉林市的 GDP 为 1364.942 亿元；长沙市的 GDP 为 7070.9 亿元，常德市的 GDP 为 1757.61 亿元。

江西、河南、安徽的二城市指数分别为 3.4835、3.3714、2.6008，属于中度首位分布，这些省区均位于中部地区，首位城市的核心带动作用比较明显。其中，南昌市的 GDP 为 3980.17 亿元，九江市的 GDP 为 1142.59 亿元；郑州市的 GDP 为 6012.93 亿元，洛阳市的 GDP 为 1783.53 亿元；合肥市的 GDP 为 5265.58 亿元，芜湖市的 GDP 为 2024.63 亿元。

黑龙江、浙江、甘宁青的二城市指数接近 2，分别为 1.9343、1.8478、1.7844，接近首位分布。江苏、云贵、广西的二城市指数分别为 1.4603、1.4346、1.323，首位城市优势不明显。

值得注意的是，大多具有双核城市驱动特征的省区，如山东、内蒙古、广东、辽宁、河北、福建，其二城市指数基本在 1 左右。尤其值得强调的是，这些省区的 GDP 首位城市并不是省会城市。例如，青岛市的 GDP 为 9302.98 亿元，济南市的 GDP 为 7270.59 亿元；包头市的 GDP 为 2600.26 亿元，呼和浩特市的 GDP 为 2280.58

亿元;深圳市的 GDP 为 24221.98 亿元,广州市的 GDP 为 22859.35 亿元;大连市的 GDP 为 5936.77 亿元,沈阳市的 GDP 为 5617.48 亿元;唐山市的 GDP 为 3500.7 亿元,石家庄市的 GDP 为 3417.79 亿元;厦门市的 GDP 为 4791.41 亿元,福州市的 GDP 为 4778.48 亿元。

(二) 四城市指数

通过对比二城市指数和四城市指数可以发现,各省区二城市指数和四城市指数的位序基本保持同步,说明首位城市在区域内的影响力至少对所在辖区内第二位序至第四位序城市的影响力是同步的。如前文所述,正常情况下的四城市指数应该是 1。四城市指数大于 1 表示四城市指数明显,四城市指数大于 2 则表示高度首位分布。

从图 3-17 可以看出,四城市指数大于 2 的省区有四川、陕西、湖北、吉林、山西,属于高度首位分布;四城市指数为 1~2 的省区有河南、湖南、江西、黑龙江、安徽、浙江,属于中度首位分布。

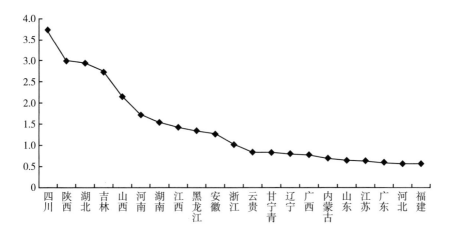

图 3-17 各省区城市经济规模体系四城市指数

其余省区的四城市指数均小于 1,首位城市优势不足,或者是双核驱动、区域均衡发展导致四城市指数比较小。这些省区包括云贵、甘宁青、辽宁、广西、内蒙古、山东、江苏、广东、河北、福建，以东部地区省区为主。

（三）全城市指数

从图3-18可以看出，就全城市指数来说，吉林、陕西、湖北的全城市指数均大于0.6，说明长春市、西安市、武汉市市辖区GDP占各自所在省区地级以上城市市辖区GDP的一半以上，说明首位城市在各自省区中发挥了明显的增长极作用。四川、山西的全城市指数都在0.5以上，说明成都市、太原市市辖区GDP占各自所在省区地级以上城市市辖区GDP的半壁江山，首位城市的支配地位特别明显。上述5个省区的全城市指数均大于0.5，且位于中部地区和西部地区。

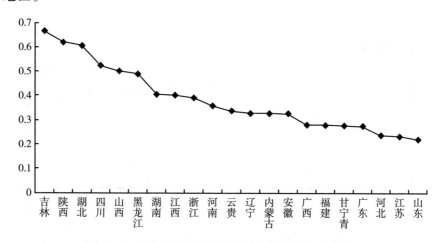

图3-18 各省区城市经济规模体系全城市指数

全城市指数为0.4～0.5的省区有黑龙江、湖南、江西，全城市指数分别为0.4897、0.4062、0.4003，均位于中部地区。另外，浙江、河南、云贵、辽宁、内蒙古、安徽的全城市指数为0.3～0.4。其余省区的全城市指数均在0.3以下，且主要分布在东部地区。

四 省域城市经济规模体系的均衡性分析

（一）基尼系数

从图3-19可以看出，基尼系数在0.5以上的省区有11个，其中黑龙江、广东、吉林、湖北和陕西的基尼系数甚至达到0.6以上，说明这些省区内各城市之间的经济规模差距巨大。基尼系数最小的河北也接近0.4，为0.3872，属于较有差异的类型。而且各省区的经济规模体系基尼系数总体大于土地规模体系基尼系数和人口规模体系基尼系数，这说明各省区内经济规模体系的非均衡性要高于人口规模体系和土地规模体系的非均衡性。

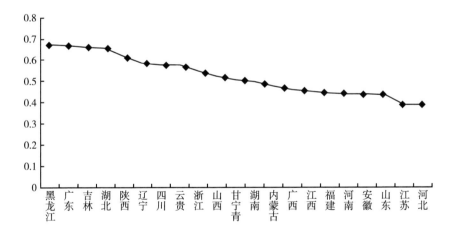

图3-19 各省区城市经济规模体系基尼系数

（二）HH指数

如前文所述，HH指数大于0.25属于高度集中。从图3-20可以看出，HH指数大于0.25的省区有6个。其中，吉林、陕西、湖北、黑龙江的HH指数均超过0.3，属于超高度集中。尤其是吉林和陕西的 HH 指数大于 0.4，省会城市的经济垄断地位十分明显；湖北的 HH 指数也接近 0.4，说明武汉市在湖北的经济支配地位较高；黑龙江的 HH 指数为 0.3138，说明其经济集中指数非常大。HH 指数为 0.25~0.3 的省区有四川和山西，HH 指数分别为 0.2895 和 0.282，属于高度集中。这两个省区的基尼系数均超过 0.5，HH 指数则从另一个角度验证了这两个省区 GDP 的集中情况。

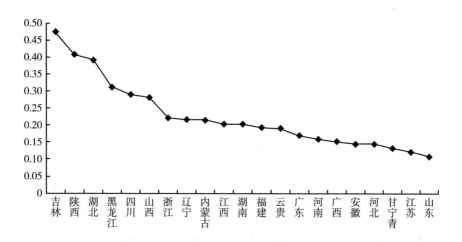

图 3-20 各省区城市经济规模体系 HH 指数

HH 指数为 0.2~0.25 的省区有浙江、辽宁、内蒙古、江西、湖南，HH 指数分别为 0.2228、0.2168、0.2153、0.2038、0.2031，说明这些省区的 GDP 分布属于中度集中。

HH 指数为 0.15~0.2 的省区有福建、云贵、广东、河南、广西，HH 指数分别为 0.1941、0.1901、0.1702、0.1597、0.1501，说明这些省区的 GDP 分布属于相对集中。

HH 指数小于 0.15 的省区有安徽、河北、甘宁青、江苏、山东，HH 指数分别为 0.1467、0.1455、0.1318、0.1227、0.1091，这些省区的 GDP 分布属于相对分散，省区内各城市的 GDP 差距很小。

（三）离散系数

从图3-21可以看出，离散系数大于2的省区有四川和湖北，这两个省区的基尼系数和HH指数也大，只不过离散系数的位序要高于其基尼系数和HH指数在全国的排名。原因是，离散系数与基尼系数、HH指数均用以衡量样本分布的均衡程度或者集中程度，但分析的视角稍有不同。离散系数侧重于标准差与均值的对比角度，即这两个省区内各城市经济规模体系的标准差相对于均值的波动是最大的。

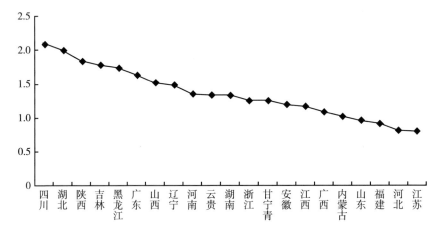

图3-21　各省区城市经济规模体系离散系数

离散系数为1.5~2的省区有陕西、吉林、黑龙江、广东、山西，它们的离散系数分别为1.8478、1.7838、1.7368、1.6439、1.5204，这些省区内各城市GDP的标准差是其均值的1.5~2倍，说明这些省区内各城市的GDP波动很大。在这5个省区中，吉林和陕西的HH指数分别列第1位和第2位，黑龙江和广东的基尼系数分别列第1位和第2位，山西的基尼系数和HH指数也比较大。因此，这些省区的离散系数与其基尼系数和HH指数比较一致。

总体来看，离散系数为1~1.5的省区最多，有辽宁、河南、云贵、湖南、浙江、甘宁青、安徽、江西、广西、内蒙古，属于高离散程度，离散系数分别为 1.4807、1.3495、1.3374、1.3328、1.2632、1.2602、1.1985、1.1689、1.0888、1.027。这说明我国绝大多数省区内各城市 GDP 的波动较大，且标准差已经超过均值。

离散系数为 0.5～1 的省区有 4 个，分别是山东、福建、河北、江苏，离散系数分别为 0.9529、0.9169、0.8125、0.8033，这 4 个省区均位于东部地区。这说明相对于中部地区和西部地区来说，东部地区省区内各城市 GDP 的分布更为均衡。

总体来看，21 个省区中有 17 个省区的离散系数大于 1，说明我国省区内各城市 GDP 的波动很大。

五　城市经济规模体系测度的区域性规律分析

首先，从经济规模体系的齐普夫指数来看，三大地区的齐普夫指数为 1.1～1.3。因为三大地区土地规模体系的齐普夫指数均小于 1，因此可以说三大地区内高位序城市的经济规模优势比人口规模优势和土地规模优势更明显。其中，中部地区经济规模体系的齐普夫指数最大，为 1.2279；东部地区经济规模体系的齐普夫指数居中，为 1.1927；西部地区经济规模体系的齐普夫指数最小，为 1.1720（见表 3-6）。也就是说，相对于东部地区和西部地区来说，中部地区高位序城市的优势最为突出，而东部地区高位序城市的优势比西部地区突出。

表 3-6　三大地区城市经济规模体系各项指标对比

地区	齐普夫指数	二城市指数	四城市指数	全城市指数	基尼系数	HH 指数	离散系数
东部	1.1927	1.2473	0.6801	0.2802	0.4936	0.1687	1.1248
中部	1.2279	4.0186	1.8936	0.4694	0.5423	0.2716	1.5121
西部	1.1720	3.7305	1.6421	0.3946	0.5351	0.2307	1.4455

其次，从经济规模体系的首位度指标来看，东部地区无论是二城市指数、四城市指数还是全城市指数，均小于中部地区和西部地

区的相应指标，再次反映了相对于中部地区和西部地区来说，东部地区的首位城市优势不明显。东部地区二城市指数的均值小于2，四城市指数的均值小于1，全城市指数的均值小于0.3，说明东部地区首位城市的各项指标也小于相应的参照值。就中部地区和西部地区来说，二者的二城市指数和四城市指数的均值均分别大于2和1，说明中部地区和西部地区首位城市的优势非常明显。中部地区的二城市指数、四城市指数和全城市指数均明显大于西部地区的相应指标，说明就经济规模体系来看，中部地区首位城市的影响力和控制力明显强于西部地区首位城市。

最后，从经济规模体系的均衡性指标来看，东部地区的基尼系数、HH指数和离散系数均小于中部地区和西部地区，说明东部地区经济规模体系分布的均衡性要高于中部地区和西部地区。中部地区和西部地区经济规模体系的各项均衡性指标都比较高，且中部地区经济规模体系的基尼系数、HH指数和离散系数均明显高于西部地区。由此可见，中部地区和西部地区经济规模体系的非均衡性都比较高，中部地区的非均衡性更高。

第四章 中国省域城市规模体系的多元截面分析

第三章侧重于对中国省域城市规模体系进行多元测度，从人口规模体系、土地规模体系、经济规模体系三重角度进行了测度，并分别对位序分布、首位度及均衡性三个方面 7 个指标进行了分析。那么，进一步的思考是如何从人口规模体系、土地规模体系、经济规模体系并行的角度进行截面比较，这是本书必须关注的问题。这一问题的本质是在同一个指标维度下，人口规模体系、土地规模体系和经济规模体系的相应值是什么关系？例如，就齐普夫指数来说，人口规模体系齐普夫指数、土地规模体系齐普夫指数、经济规模体系齐普夫指数之间存在一致性对应关系，还是偏离关系？因此，从截面对比的角度，才能分析某个省区的人口规模位序相对于土地规模位序、经济规模位序的关系，人口规模首位度与土地规模首位度、经济规模首位度的关系，以及人口规模均衡性与土地规模均衡性、经济规模均衡性的关系，从而深化、细化省域城市规模体系的测度研究。

第一节 基于城市位序-规模的齐普夫指数比较分析

齐普夫指数是衡量城市规模体系的重要指标，可以有效反映城市规模大小与其位序的对应关系，利用每个城市的相关信息，整体上揭示城市规模体系的内在分布，对判断城市规模体系的集聚程度或者分散程度具有重要的参考价值。

一 基于省域城市位序-规模的人口规模体系、土地规模体系及经济规模体系齐普夫指数分析

为了对各省区人口规模体系、土地规模体系、经济规模体系的齐普夫指数进行截面比较,并分析其一致性及偏离度,表4-1汇总了人口规模体系、土地规模体系及经济规模体系齐普夫指数及其几何平均与总偏离度。表中的"经-人"表示经济规模体系齐普夫指数减去人口规模体系齐普夫指数,"地-人"表示土地规模体系齐普夫指数减去人口规模体系齐普夫指数,"经-地"表示经济规模体系齐普夫指数减去土地规模体系齐普夫指数;几何平均是指用人口规模体系、土地规模体系及经济规模体系的齐普夫指数进行几何平均得到,表示每个省区的综合齐普夫指数;总偏离度是指用"经-人""地-人""经-地"的绝对值进行累加,计算得到每个省区人口规模体系齐普夫指数、土地规模体系齐普夫指数、经济规模体系齐普夫指数的总偏离度。后文的人口规模体系二城市指数、四城市指数、全城市指数、基尼系数、HH指数、离散系数的含义依此类推。

表4-1 各省区人口规模体系、土地规模体系及经济规模体系
齐普夫指数及其几何平均与总偏离度

省区	人口规模体系齐普夫指数	土地规模体系齐普夫指数	经济规模体系齐普夫指数	"经-人"	"地-人"	"经-地"	几何平均	总偏离度
辽宁	0.8681	0.8399	1.3646	0.4965	-0.0282	0.5247	0.9983	1.0494
河北	0.9207	0.6900	0.9560	0.0353	-0.2307	0.2660	0.8469	0.5320
山东	0.6068	0.7032	0.9425	0.3357	0.0964	0.2393	0.7381	0.6714
江苏	0.5601	0.7363	0.9194	0.3593	0.1762	0.1831	0.7238	0.7186
浙江	0.9899	1.0324	1.3798	0.3899	0.0425	0.3474	1.1214	0.7798
福建	1.0016	1.1891	1.2023	0.2007	0.1875	0.0132	1.1271	0.4014
广东	0.9131	1.2085	1.5840	0.6709	0.2954	0.3755	1.2046	1.3418
黑龙江	0.9862	1.0379	1.7111	0.7249	0.0517	0.6732	1.2054	1.4498
吉林	1.1358	1.2095	1.7382	0.6024	0.0737	0.5287	1.3366	1.2048
山西	0.8141	0.8396	1.1398	0.3257	0.0255	0.3002	0.9202	0.6514

省区	人口规模体系齐普夫指数	土地规模体系齐普夫指数	经济规模体系齐普夫指数	"经-人"	"地-人"	"经-地"	几何平均	总偏离度
河南	0.6149	0.6877	0.8231	0.2082	0.0728	0.1354	0.7034	0.4164
湖北	1.0099	0.9169	1.4346	0.4247	-0.0930	0.5177	1.0993	1.0354
湖南	0.6790	0.7617	1.0809	0.4019	0.0827	0.3192	0.8238	0.8038
安徽	0.6555	0.6634	0.8787	0.2232	0.0079	0.2153	0.7257	0.4464
江西	0.8927	0.8269	1.0165	0.1238	-0.0658	0.1896	0.9087	0.3792
内蒙古	0.8667	0.7689	1.2624	0.3957	-0.0978	0.4935	0.9440	0.9870
陕西	0.9971	1.1362	1.3765	0.3794	0.1391	0.2403	1.1596	0.7588
甘宁青	0.6875	0.8399	1.0287	0.3412	0.1524	0.1888	0.8406	0.6824
四川	0.6556	0.8385	0.9780	0.3224	0.1829	0.1395	0.8131	0.6448
云贵	1.0607	1.1695	1.3838	0.3231	0.1088	0.2143	1.1974	0.6462
广西	0.7814	0.8005	1.0027	0.2213	0.0191	0.2022	0.8560	0.4426

二　基于省域城市位序-规模的人口规模体系、土地规模体系及经济规模体系齐普夫指数的一致性分析

第一，从人口规模体系齐普夫指数、土地规模体系齐普夫指数和经济规模体系齐普夫指数的比较来看，各省区经济规模体系齐普夫指数明显大于人口规模体系齐普夫指数和土地规模体系齐普夫指数，说明相对于人口规模体系和土地规模体系来说，经济规模体系高位序城市的优势更为明显。此外，就人口规模体系齐普夫指数和土地规模体系齐普夫指数的比较来看，二者较为接近，但大多数省区的土地规模体系齐普夫指数要大于人口规模体系齐普夫指数，说明相对于人口规模体系来说，高位序城市的土地规模优势更为突出（见图4-1）。

第二，由于不同规模体系的齐普夫指数大小没有绝对的优劣之分，因此只能就三者之间的一致性情况进行分析，或者说通过分析彼此之间的差距来具体刻画它们的错位程度。为方便起见，用"经-人""地-人""经-地"分别表示经济规模体系齐普夫指数减去人口规模体系齐普夫指数、土地规模体系齐普夫指数减去人口规模体系齐普夫指数、经济规模体系齐普夫指数减去土地规模体系齐普夫指

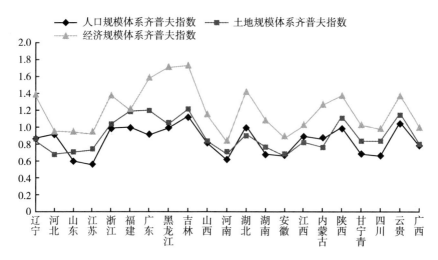

图 4-1　各省区人口规模体系、土地规模体系及经济规模体系齐普夫指数

数。从图 4-2 可以看出，各省区的"经-人"和"经-地"全部大于
0，绝大多数省区的"地-人"大于 0，只有辽宁、河北、湖北、江
西、内蒙古的"地-人"小于 0。这说明相对于人口规模体系齐普夫
指数和土地规模体系齐普夫指数来说，经济规模体系齐普夫指数具
有绝对优势。另外，土地规模体系齐普夫指数相对于人口规模体系
齐普夫指数来说，也具有明显优势。

　　第三，为了进一步总体分析城市规模体系特征及偏离度，用人
口规模体系、土地规模体系及经济规模体系的齐普夫指数进行几何
平均，表示每个省区的综合齐普夫指数；用"经-人""地-人"
"经-地"的绝对值进行累加，计算得到每个省区人口规模体系齐普
夫指数、土地规模体系齐普夫指数、经济规模体系齐普夫指数的总
偏离度。从齐普夫指数的几何平均来看，东部、中部、西部地区的差
距不是很大。东部地区几何平均较大的省区是广东、福建、浙江，分
别为 1.2046、1.1271、1.1214；中部地区几何平均较大的省区是吉林、
黑龙江、湖北，分别为 1.3366、1.2054、1.0993；西部地区几何平均
较大的省区是云贵和陕西，分别为 1.1974 和 1.1596。从总偏离度来

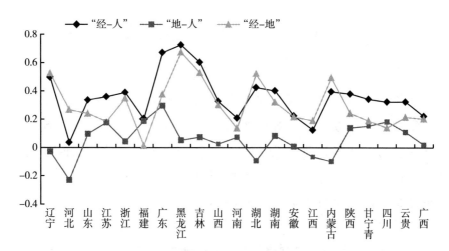

**图4-2　各省区人口规模体系、土地规模体系及经济规模体系
齐普夫指数两两相减情况**

看，西部地区的总偏离度较小，均小于1；东部地区的总偏离度除辽
宁和广东大于1外，其他省区的总偏离度均小于1；中部地区的总偏
离度除黑龙江、吉林和湖北大于1外，其他省区的总偏离度均小于1。
总体来看，三大地区总偏离度的差别不是很大（见图4-3）。

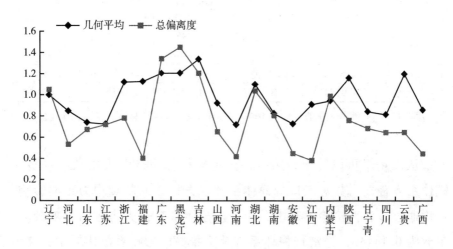

**图4-3　各省区人口规模体系、土地规模体系及经济规模体系
齐普夫指数几何平均及总偏离度**

三 基于省域城市位序－规模的人口规模体系、土地规模体系及经济规模体系齐普夫指数的趋势性分析

从趋势线的规律分析来看，人口规模体系齐普夫指数、土地规模体系齐普夫指数、经济规模体系齐普夫指数具有同向性，预计三者之间应为一种正相关关系。进一步采取截面固定效应的面板模型估计，得到基于齐普夫指数的人口规模体系、土地规模体系及经济规模体系的面板回归结果（见表4-2）。

表4-2　各省区人口规模体系、土地规模体系及经济规模体系
齐普夫指数面板固定效应估计结果

被解释变量：人口规模体系齐普夫指数		被解释变量：土地规模体系齐普夫指数		被解释变量：经济规模体系齐普夫指数	
变量	系数及显著性	变量	系数及显著性	变量	系数及显著性
C	0.6895 *** (16.839)	C	0.6614 *** (11.5269)	C	0.7948 *** (6.036)
土地规模体系齐普夫指数	0.14446 *** (3.209)	人口规模体系齐普夫指数	0.2749 *** (3.9732)	人口规模体系齐普夫指数	0.3531 ** (2.2613)
经济规模体系齐普夫指数	0.0061 * (1.858)	经济规模体系齐普夫指数	0.0051 (1.095)	土地规模体系齐普夫指数	0.155402 (1.0654)
R^2	0.8898	R^2	0.8774	R^2	0.3446
调整后的 R^2	0.8821	调整后的 R^2	0.8687	调整后的 R^2	0.2986
F 统计值	114.9183 ***	F 统计值	101.78 ***	F 统计值	7.4827 ***

注：*、** 和 *** 分别表示在10%、5%和1%的水平下显著，括号内为 t 值。

从表4-2可以看出，第一，土地规模体系齐普夫指数与经济规模体系齐普夫指数对人口规模体系齐普夫指数的影响均为正向影响，且均通过显著性检验。其中，土地规模体系齐普夫指数的影响较大，系数为0.14446；经济规模体系齐普夫指数的影响系数比较小，仅为0.0061。第二，人口规模体系齐普夫指数对土地规模体系齐普夫指数的影响系数为0.2749，但经济规模体系齐普夫指数对土地规模体

系齐普夫指数的影响未通过显著性检验。第三，人口规模体系齐普夫指数对经济规模体系齐普夫指数的影响系数为 0.3531，但土地规模体系齐普夫指数对经济规模体系齐普夫指数的影响未通过显著性检验。综合来看，人口规模体系齐普夫指数对土地规模体系齐普夫指数和经济规模体系齐普夫指数的影响为正，且大于后两者对人口规模体系齐普夫指数的影响，而土地规模体系齐普夫指数与经济规模体系齐普夫指数的相互影响并不明显。

第二节　基于城市首位度的比较分析

城市首位度是一个包含多元指标的概念，既包括二城市指数，也包括四城市指数，还包括全城市指数。为了全面比较城市人口规模体系、土地规模体系和经济规模体系的城市首位度，采用二城市指数、四城市指数和全城市指数 3 个指标分别进行阐述，从而分析三大城市规模体系在城市首位度方面的一致性和非均衡性。

一　二城市指数分析

（一）二城市指数测度结果

为了便于比较，表 4-3 汇总了各省区人口规模体系、土地规模体系及经济规模体系二城市指数及其几何平均与总偏离度。

表 4-3　各省区人口规模体系、土地规模体系及经济规模体系二城市指数及其几何平均与总偏离度

省区	人口规模体系二城市指数	土地规模体系二城市指数	经济规模体系二城市指数	"经-人"	"地-人"	"经-地"	几何平均	总偏离度
辽宁	1.5025	1.3861	1.0568	−0.4457	−0.1164	−0.3293	1.3008	0.8914
河北	1.1562	1.2410	1.0243	−0.1319	0.0848	−0.2167	1.1370	0.4334

续表

省区	人口规模体系二城市指数	土地规模体系二城市指数	经济规模体系二城市指数	"经-人"	"地-人"	"经-地"	几何平均	总偏离度
山东	1.0695	1.2201	1.2795	0.2100	0.1506	0.0594	1.1863	0.4200
江苏	1.9148	1.7164	1.4603	-0.4545	-0.1984	-0.2561	1.6868	0.9090
浙江	2.1453	1.7878	1.8478	-0.2975	-0.3575	0.0600	1.9208	0.7150
福建	1.1728	1.3276	1.0027	-0.1701	0.1548	-0.3249	1.1601	0.6498
广东	1.6512	1.3146	1.0596	-0.5916	-0.3366	-0.2550	1.3200	1.1832
黑龙江	4.0219	1.7721	1.9343	-2.0876	-2.2498	0.1622	2.3978	4.4996
吉林	2.4556	2.8229	4.1820	1.7264	0.3673	1.3591	3.0719	3.4528
山西	1.6554	2.7157	5.6577	4.0023	1.0603	2.9420	2.9409	8.0046
河南	1.8551	2.4954	3.3714	1.5163	0.6403	0.8760	2.4990	3.0326
湖北	3.8772	3.6382	6.8957	3.0185	-0.2390	3.2575	4.5990	6.5150
湖南	2.5248	2.9247	4.0230	1.4982	0.3999	1.0983	3.0971	2.9964
安徽	1.2217	2.6034	2.6008	1.3791	1.3817	-0.0026	2.0224	2.7634
江西	1.3640	1.8833	3.4835	2.1195	0.5193	1.6002	2.0761	4.2390
内蒙古	1.1304	1.2322	1.1402	0.0098	0.1018	-0.0920	1.1667	0.2036
陕西	6.1295	7.3895	7.0939	0.9644	1.2600	-0.2956	6.8492	2.5200
甘宁青	1.5833	1.2463	1.7844	0.2011	-0.3370	0.5381	1.5213	1.0762
四川	3.7000	6.9050	9.6067	5.9067	3.2050	2.7017	6.2610	11.8134
云贵	1.2355	1.1951	1.4346	0.1991	-0.0404	0.2395	1.2843	0.4790
广西	1.8971	1.3664	1.3230	-0.5741	-0.5307	-0.0434	1.5080	1.1482

（二）二城市指数的一致性及偏离度分析

第一，从人口规模体系二城市指数、土地规模体系二城市指数和经济规模体系二城市指数的比较来看，东部地区人口规模体系、土地规模体系和经济规模体系的二城市指数较小，且三者之间的差距也较小。从图 4-4 可以看出，辽宁、河北、山东、江苏、浙江、福建、广东等东部省区的人口规模体系、土地规模体系、经济规模体系二城市指数几乎重叠。从中部地区和西部地区的角度来看，总体上经济规模体系二城市指数要大于土地规模体系二城市指数，土地规模体系二城市指数要大于人口规模体系二城市指数。

第二，为了具体分析人口规模体系二城市指数、土地规模体系

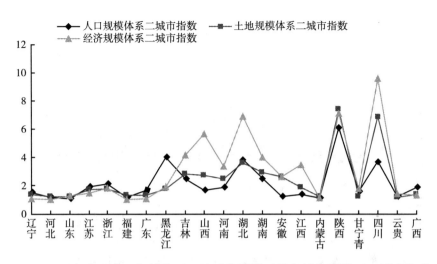

图4-4　各省区人口规模体系、土地规模体系及经济规模体系二城市指数

二城市指数和经济规模体系二城市指数之间的错位程度，用"经-人""地-人""经-地"分别表示经济规模体系二城市指数减去人口规模体系二城市指数、土地规模体系二城市指数减去人口规模体系二城市指数、经济规模体系二城市指数减去土地规模体系二城市指数。从图4-5可以看出，东部地区的"经-人""地-人""经-地"都非常接近0，说明三者的两两关系很均衡。对于中部地区和西部地区来说，"经-人"总体上大于"经-地"，"经-地"总体上大于"地-人"。或者说，对于中部地区和西部地区来说，总体上经济规模体系二城市指数与人口规模体系二城市指数的差距要大于经济规模体系二城市指数与土地规模体系二城市指数的差距；经济规模体系二城市指数与土地规模体系二城市指数的差距则大于土地规模体系二城市指数与人口规模体系二城市指数的差距。

　　第三，为了进一步总体分析城市规模体系的二城市指数及偏离度，用人口规模体系、土地规模体系及经济规模体系的二城市指数进行几何平均，表示每个省区的综合二城市指数；用"经-人""地-人""经-地"的绝对值进行累加，计算得到每个省区人口规模体系二

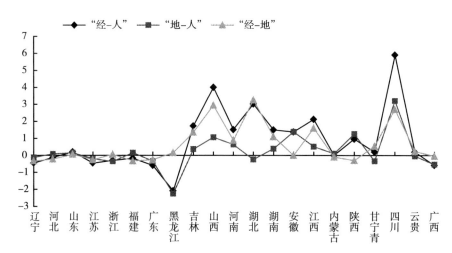

**图4-5 各省区人口规模体系、土地规模体系及经济规模体系
二城市指数两两相减情况**

城市指数、土地规模体系二城市指数、经济规模体系二城市指数的总偏离度。总体来看，综合二城市指数从东向西递增，其中陕西和四川分别达到6.8492和6.2610。二城市指数总偏离度也从东向西递增，其中总偏离度最大的是四川，达到11.8134。另外，山西和湖北的二城市指数总偏离度也比较大，分别为8.0046和6.5150（见图4-6）。

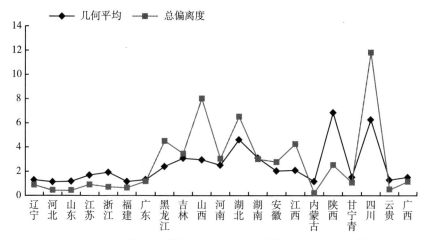

**图4-6 各省区人口规模体系、土地规模体系及经济规模体系
二城市指数几何平均及总偏离度**

（三）二城市指数的趋势性分析

从趋势线的规律分析来看，人口规模体系二城市指数、土地规模体系二城市指数、经济规模体系二城市指数具有同向性，预计三者之间应为一种正相关关系。进一步采取截面固定效应的面板模型估计，得到基于二城市指数的人口规模体系、土地规模体系及经济规模体系的面板回归结果（见表4-4）。

表4-4 各省区人口规模体系、土地规模体系及经济规模体系
二城市指数面板固定效应估计结果

被解释变量：人口规模体系二城市指数		被解释变量：土地规模体系二城市指数		被解释变量：经济规模体系二城市指数	
变量	系数及显著性	变量	系数及显著性	变量	系数及显著性
C	1.1491*** (7.8468)	C	1.1566*** (4.5848).	C	0.24033*** (3.9201)
土地规模体系二城市指数	0.00755 (0.127)	人口规模体系二城市指数	0.0189 (0.1271)	人口规模体系二城市指数	0.07267*** (7.8595)
经济规模体系二城市指数	0.2917*** (7.670)	经济规模体系二城市指数	0.3376*** (3.5851)	土地规模体系二城市指数	0.072587*** (3.6177)
R^2	0.8969	R^2	0.833	R^2	0.9504
调整后的 R^2	0.8897	调整后的 R^2	0.8213	调整后的 R^2	0.9469
F 统计值	123.822***	F 统计值	70.9796***	F 统计值	272.715***

注：*、**和***分别表示在10%、5%和1%的水平下显著，括号内为t值。

从表4-4可以看出，第一，土地规模体系二城市指数对人口规模体系二城市指数的影响并不显著，而经济规模体系二城市指数对人口规模体系二城市指数具有显著影响，且影响系数为0.2917；第二，人口规模体系二城市指数对土地规模体系二城市指数的影响也不显著，但经济规模体系二城市指数对土地规模体系二城市指数具有显著影响，且影响系数为 0.3376；第三，人口规模体系二城市指数和土地规模体系二城市指数对经济规模体系二城市指数均有显著影响，系数分别为 0.07267 和 0.072587。综上可见，土地规模体系二城市指数和人口规模体系二城市指数之间并无明显影响，而经济规模体系二城市指数对人口规模体系二城市指数和土地规模体系二城市指数均有显著影响，且后二者也对经济规模体系二城市指数有显著影响。但从系数大小来看，经济规模体系二城市指数对人口规模体系二城市指数和土地规模体系二城市指数的影响要大于后二者对它的影响。

二 四城市指数分析

(一) 四城市指数测度结果

为了便于比较，表 4-5 汇总了各省区人口规模体系、土地规模体系及经济规模体系四城市指数及其几何平均与总偏离度。

表 4-5 各省区人口规模体系、土地规模体系及经济规模体系
四城市指数及其几何平均与总偏离度

省区	人口规模体系四城市指数	土地规模体系四城市指数	经济规模体系四城市指数	"经-人"	"地-人"	"经-地"	几何平均	总偏离度
辽宁	0.8787	0.7388	0.7947	−0.0840	−0.1399	0.0559	0.8020	0.2798
河北	0.4271	0.4732	0.5681	0.1410	0.0461	0.0949	0.4860	0.2820
山东	0.5092	0.5129	0.6364	0.1272	0.0037	0.1235	0.5498	0.2544
江苏	0.6708	0.7495	0.6157	−0.0551	0.0787	−0.1338	0.6765	0.2676
浙江	0.9190	0.7339	1.0114	0.0924	−0.1851	0.2775	0.8803	0.5550
福建	0.4734	0.6126	0.5539	0.0805	0.1392	−0.0587	0.5436	0.2784
广东	0.6382	0.5912	0.5805	−0.0577	−0.0470	−0.0107	0.6028	0.1154
黑龙江	1.5478	0.8085	1.3291	−0.2187	−0.7393	0.5206	1.1848	1.4786
吉林	1.4539	1.7372	2.7612	1.3073	0.2833	1.0240	1.9106	2.6146
山西	0.8772	1.2423	2.1668	1.2896	0.3651	0.9245	1.3316	2.5792

续表

省区	人口规模体系四城市指数	土地规模体系四城市指数	经济规模体系四城市指数	"经-人"	"地-人"	"经-地"	几何平均	总偏离度
河南	0.6421	1.0037	1.7293	1.0872	0.3616	0.7256	1.0368	2.1744
湖北	1.8041	1.4836	2.9417	1.1376	-0.3205	1.4581	1.9894	2.9162
湖南	0.8704	1.0865	1.5331	0.6627	0.2161	0.4466	1.1318	1.3254
安徽	0.4377	0.9957	1.2694	0.8317	0.5580	0.2737	0.8209	1.6634
江西	0.5749	0.7921	1.4178	0.8429	0.2172	0.6257	0.8643	1.6858
内蒙古	0.4470	0.5977	0.6925	0.2455	0.1507	0.0948	0.5698	0.4910
陕西	2.4136	2.8537	3.0033	0.5897	0.4401	0.1496	2.7451	1.1794
甘宁青	0.5871	0.6309	0.8351	0.2480	0.0438	0.2042	0.6763	0.4960
四川	1.4160	2.4672	3.7116	2.2956	1.0512	1.2444	2.3493	4.5912
云贵	0.5020	0.7375	0.8353	0.3333	0.2355	0.0978	0.6762	0.6666
广西	0.7180	0.7338	0.7745	0.0565	0.0158	0.0407	0.7417	0.1130

（二）四城市指数的一致性及偏离度分析

第一，从人口规模体系四城市指数、土地规模体系四城市指数和经济规模体系四城市指数的比较来看，东部地区人口规模体系、土地规模体系和经济规模体系的四城市指数较小，且三者之间的差距也较小。从图4-7可以看出，辽宁、河北、山东、江苏、浙江、福建、广东等东部省区的人口规模体系、土地规模体系、经济规模体系四城市指数几乎重叠。从中部地区和西部地区的角度来看，总体上经济规模体系四城市指数要大于土地规模体系四城市指数，土地规模体系四城市指数要大于人口规模体系四城市指数。这一点类似于对二城市指数的分析。

第二，为了具体分析人口规模体系四城市指数、土地规模体系四城市指数和经济规模体系四城市指数之间的错位程度，用"经-人""地-人""经-地"分别表示经济规模体系四城市指数减去人口规模体系四城市指数、土地规模体系四城市指数减去人口规模体系

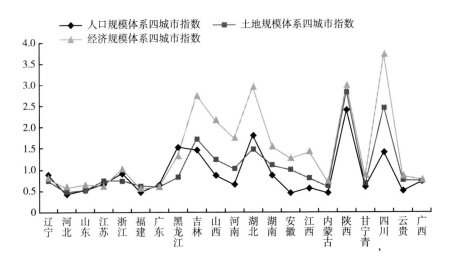

图 4-7　各省区人口规模体系、土地规模体系及经济规模体系四城市指数

四城市指数、经济规模体系四城市指数减去土地规模体系四城市指数。从图 4-8 可以看出，东部地区的"经-人""地-人""经-地"都非常接近 0，说明三者的两两关系很均衡。对于中部地区和西部地区来说，"经-人"总体上大于"经-地"，"经-地"总体上大于"地-人"。

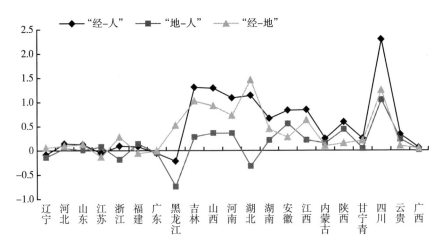

图 4-8　各省区人口规模体系、土地规模体系及经济规模体系四城市指数两两相减情况

　　第三，为了进一步总体分析城市规模体系的四城市指数及偏离度，用人口规模体系、土地规模体系及经济规模体系的四城市指数进行几何平均，表示每个省区的综合四城市指数；用"经-人""地-人""经-地"的绝对值进行累加，计算得到每个省区人口规模体系四城市指数、土地规模体系四城市指数、经济规模体系四城市指数的总偏离度。总体来看，综合四城市指数从东向西递增，东部地区的综合四城市指数均小于1；中部地区的综合四城市指数均小于2，但吉林和湖北的综合四城市指数接近2；西部地区的综合四城市指数波动较大，其中陕西和四川的综合四城市指数分别达到2.7451和2.3493，其余省区则均小于1。四城市指数总偏离度也从东向西递增，东部地区的总偏离度均小于1；中部地区的总偏离度均大于1，且湖北、吉林和山西的总偏离度接近3；西部地区的总偏离度波动较大，其中最大的为四川，达到4.5912，陕西的总偏离度为1.1794，其余省区的总偏离度均小于1（见图4-9）。

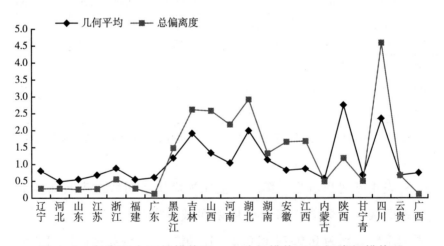

**图4-9　各省区人口规模体系、土地规模体系及经济规模体系
四城市指数几何平均及总偏离度**

（三）四城市指数的趋势性分析

　　从趋势线的规律分析来看，人口规模体系四城市指数、土地规

模体系四城市指数、经济规模体系四城市指数具有同向性，预计三者之间应为一种正相关关系。进一步采取截面固定效应的面板模型估计，得到基于四城市指数的人口规模体系、土地规模体系及经济规模体系的面板回归结果（见表4-6）。

表4-6　各省区人口规模体系、土地规模体系及经济规模体系
四城市指数面板固定效应估计结果

被解释变量：人口规模体系四城市指数		被解释变量：土地规模体系四城市指数		被解释变量：经济规模体系四城市指数	
变量	系数及显著性	变量	系数及显著性	变量	系数及显著性
C	0.4106 *** (9.3698)	C	0.50086 *** (4.3085)	C	0.3206 *** (2.8445)
土地规模体系四城市指数	0.0579 * (1.6597)	人口规模体系四城市指数	0.2251 (1.6333)	人口规模体系四城市指数	0.919 *** (8.925)
经济规模体系四城市指数	0.2833 *** (10.5158)	经济规模体系四城市指数	0.1843 ** (2.121)	土地规模体系四城市指数	0.1539 ** (2.098)
R^2	0.9326	R^2	0.7962	R^2	0.9379
调整后的 R^2	0.9278	调整后的 R^2	0.7819	调整后的 R^2	0.9336
F 统计值	196.94 ***	F 统计值	55.598 ***	F 统计值	215.15 ***

注：*、** 和 *** 分别表示在10%、5%和1%的水平下显著，括号内为 t 值。

从表4-6可以看出，第一，土地规模体系四城市指数和经济规模体系四城市指数对人口规模体系四城市指数均有显著正向影响，二者的系数分别为0.0579和0.2833；第二，经济规模体系四城市指数对土地规模体系四城市指数有显著正向影响，系数为0.1843，但人口规模体系四城市指数对土地规模体系四城市指数的影响并不显著；第三，人口规模体系四城市指数和土地规模体系四城市指数均对经济规模体系四城市指数有显著正向影响，二者的系数分别为0.919和0.1539。

三 全城市指数分析

（一）全城市指数测度结果

为了便于比较，表4-7汇总了各省区人口规模体系、土地规模体系及经济规模体系全城市指数及其几何平均与总偏离度。

表4-7 各省区人口规模体系、土地规模体系及经济规模体系
全城市指数及其几何平均与总偏离度

省区	人口规模体系全城市指数	土地规模体系全城市指数	经济规模体系全城市指数	"经-人"	"地-人"	"经-地"	几何平均	总偏离度
辽宁	0.1914	0.2504	0.3272	0.1358	0.0590	0.0768	0.2503	0.2716
河北	0.2002	0.1914	0.2353	0.0351	-0.0088	0.0439	0.2081	0.0878
山东	0.1477	0.1691	0.2182	0.0705	0.0214	0.0491	0.1760	0.1410
江苏	0.1903	0.2319	0.2335	0.0432	0.0416	0.0016	0.2176	0.0864
浙江	0.3193	0.2885	0.3922	0.0729	-0.0308	0.1037	0.3306	0.2074
福建	0.2334	0.3016	0.2816	0.0482	0.0682	-0.0200	0.2706	0.1364
广东	0.1920	0.2400	0.2736	0.0816	0.0480	0.0336	0.2327	0.1632
黑龙江	0.3961	0.2956	0.4897	0.0936	-0.1005	0.1941	0.3856	0.3882
吉林	0.4722	0.5187	0.6648	0.1926	0.0465	0.1461	0.5461	0.3852
山西	0.2867	0.3530	0.5024	0.2157	0.0663	0.1494	0.3705	0.4314
河南	0.1639	0.2401	0.3571	0.1932	0.0762	0.1170	0.2413	0.3864
湖北	0.4333	0.4009	0.6087	0.1754	-0.0324	0.2078	0.4729	0.4156
湖南	0.2396	0.2927	0.4062	0.1666	0.0531	0.1135	0.3054	0.3332
安徽	0.1320	0.2444	0.3262	0.1942	0.1124	0.0818	0.2191	0.3884
江西	0.2255	0.2765	0.4003	0.1748	0.0510	0.1238	0.2922	0.3496
内蒙古	0.2232	0.2515	0.3269	0.1037	0.0283	0.0754	0.2638	0.2074
陕西	0.5173	0.5726	0.6222	0.1049	0.0553	0.0496	0.5691	0.2098
甘宁青	0.1655	0.1954	0.2784	0.1129	0.0299	0.0830	0.2080	0.2258

省区	人口规模体系全城市指数	土地规模体系全城市指数	经济规模体系全城市指数	"经-人"	"地-人"	"经-地"	几何平均	总偏离度
四川	0.2716	0.4135	0.5231	0.2515	0.1419	0.1096	0.3887	0.5030
云贵	0.1924	0.3014	0.3348	0.1424	0.1090	0.0334	0.2688	0.2848
广西	0.2161	0.2387	0.2819	0.0658	0.0226	0.0432	0.2441	0.1316

（二）全城市指数的一致性及偏离度分析

第一，从人口规模体系全城市指数、土地规模体系全城市指数和经济规模体系全城市指数的比较来看，各省区经济规模体系的全城市指数总体上大于人口规模体系和土地规模体系的全城市指数，说明相对于人口规模体系和土地规模体系来说，经济规模体系高首位城市的优势更为明显。此外，从人口规模体系全城市指数和土地规模体系全城市指数的比较来看，二者较为接近，只有河北、浙江、黑龙江和湖北四省区的人口规模体系全城市指数大于土地规模体系全城市指数，绝大多数省区的土地规模体系全城市指数大于人口规模体系全城市指数，说明相对于人口规模体系来说，首位城市的土地规模体系优势更为突出。东部地区的人口规模体系、土地规模体系和经济规模体系的全城市指数较小，且三者之间的差距也较小（见图4-10）。

第二，为了具体分析人口规模体系全城市指数、土地规模体系全城市指数和经济规模体系全城市指数之间的错位程度，用"经-人""地-人""经-地"分别表示经济规模体系全城市指数减去人口规模体系全城市指数、土地规模体系全城市指数减去人口规模体系全城市指数、经济规模体系全城市指数减去土地规模体系全城市指数。从图4-11可以看出，东部地区的"经-人""地-人""经-地"都比较小，说明三者的两两关系比较均衡。对于中部地区和西部地区来说，"经-人"总体上大于"经-地"，"经-地"总体上大于"地-人"。

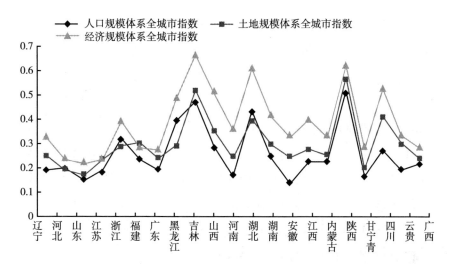

图4-10　各省区人口规模体系、土地规模体系及经济规模体系全城市指数

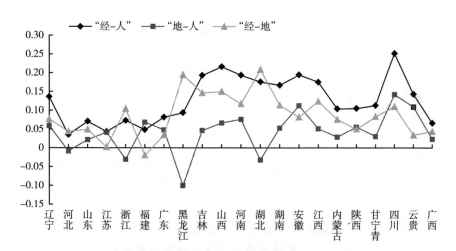

**图4-11　各省区人口规模体系、土地规模体系及经济规模体系
全城市指数两两相减情况**

第三，为了进一步总体分析城市规模体系的全城市指数及偏离度，用人口规模体系、土地规模体系及经济规模体系的全城市指数进行几何平均，表示每个省区的综合全城市指数；用"经-人""地-人""经-地"的绝对值进行累加，计算得到每个省区人口规模

体系全城市指数、土地规模体系全城市指数、经济规模体系全城市指数的总偏离度。总体来看，综合全城市指数从东向西递增，东部地区综合全城市指数的最小值为山东的 0.1760。最大值为浙江的 0.3306；中部地区最小值为安徽的 0.2191，最大值为吉林的 0.5461；西部地区最小值为甘宁青的 0.2080，最大值则为陕西的 0.5691。全城市指数总偏离度也从东向西递增，东部地区的总偏离度均小于 0.3；中部地区的总偏离度均大于 0.3，其中山西和湖北的总偏离度大于 0.4；西部地区的总偏离度波动较大，其中总偏离度最大的为四川，达到 0.5030，云贵的总偏离度为 0.2848，广西的总偏离度则只有 0.1316（见图 4-12）。

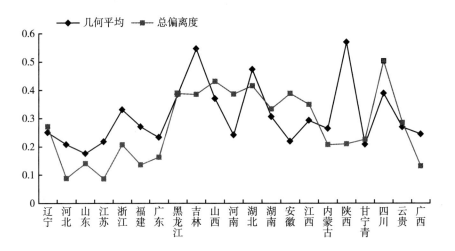

图 4-12　各省区人口规模体系、土地规模体系及经济规模体系全城市指数几何平均及总偏离度

（三）全城市指数的趋势性分析

从趋势线的规律分析来看，人口规模体系全城市指数、土地规模体系全城市指数、经济规模体系全城市指数具有同向性，预计三者之间应为一种正相关关系。进一步采取截面固定效应的面板模型估计，得到基于全城市指数的人口规模体系、土地规模体系及经济规模体系的面板回归结果（见表4-8）。

表4-8 各省区人口规模体系、土地规模体系及经济规模体系全城市指数面板固定效应估计结果

被解释变量：人口规模体系全城市指数		被解释变量：土地规模体系全城市指数		被解释变量：经济规模体系全城市指数	
变量	系数及显著性	变量	系数及显著性	变量	系数及显著性
C	0.1034 *** (6.584)	C	0.1145 *** (2.7568)	C	0.1751 *** (7.0523)
土地规模体系全城市指数	0.0613 * (1.7828)	人口规模体系全城市指数	0.2205 * (1.8629)	人口规模体系全城市指数	0.5975 *** (7.9559)
经济规模体系全城市指数	0.3434 *** (7.5788)	经济规模体系全城市指数	0.3029 *** (3.0626)	土地规模体系全城市指数	0.1464 *** (3.1179)
R^2	0.9575	R^2	0.8316	R^2	0.9516
调整后的 R^2	0.9545	调整后的 R^2	0.8197	调整后的 R^2	0.9482
F 统计值	320.424 ***	F 统计值	70.264 ***	F 统计值	279.6 ***

注：*、** 和 *** 分别表示在10%、5%和1%的水平下显著，括号内为 t 值。

从表4-8可以看出，人口规模体系全城市指数、土地规模体系全城市指数及经济规模体系全城市指数的两两面板回归关系的系数均为正值，且通过显著性检验。

第一，土地规模体系全城市指数和经济规模体系全城市指数对人口规模体系全城市指数的影响系数分别为0.0613和0.3434，说明土地规模体系全城市指数对人口规模体系全城市指数的影响比较小，而经济规模体系全城市指数对人口规模体系全城市指数的影响则较大；第二，人口规模体系全城市指数和经济规模体系全城市指数对土地规模体系全城市指数的影响系数分别为0.2205和0.3029，说明经济规模体系全城市指数对土地规模体系全城市指数的影响要大于人口规模体系全城市指数对土地规模体系全城市指数的影响；第三，

人口规模体系全城市指数和土地规模体系全城市指数对经济规模体系全城市指数的影响系数分别为 0.5975 和 0.1464，说明人口规模体系全城市指数对经济规模体系全城市指数的影响要大于土地规模体系全城市指数对经济规模体系全城市指数的影响。

相对于二城市指数和四城市指数的回归来说，全城市指数面板回归模型的各个系数均通过显著性检验，可能的原因是全城市指数相比二城市指数和四城市指数能够捕捉到更为全面的信息。

第三节　基于城市规模体系均衡度的比较分析

城市规模体系均衡度，反映了一个省区内各城市在人口规模体系、土地规模体系和经济规模体系方面的分布差异状况。为了从多个角度比较城市规模体系的均衡程度，本节分别通过基尼系数、HH指数和离散系数三个指标比较各省区在人口规模体系、土地规模体系和经济规模体系上的一致性。

一　基尼系数分析

（一）基尼系数测度结果

为了便于比较，表 4-9 汇总了各省区人口规模体系、土地规模体系及经济规模体系基尼系数及其几何平均与总偏离度。

表 4-9　各省区人口规模体系、土地规模体系及经济规模体系
基尼系数及其几何平均与总偏离度

省区	人口规模体系基尼系数	土地规模体系基尼系数	经济规模体系基尼系数	"经-人"	"地-人"	"经-地"	几何平均	总偏离度
辽宁	0.4132	0.3889	0.5866	0.1734	-0.0243	0.1977	0.4551	0.3954
河北	0.365	0.2873	0.3872	0.0222	-0.0777	0.0999	0.3437	0.1998

省区	人口规模体系基尼系数	土地规模体系基尼系数	经济规模体系基尼系数	"经－人"	"地－人"	"经－地"	几何平均	总偏离度
山东	0.2834	0.3327	0.4329	0.1495	0.0493	0.1002	0.3443	0.2990
江苏	0.2422	0.3244	0.3893	0.1471	0.0822	0.0649	0.3127	0.2942
浙江	0.4121	0.4118	0.5468	0.1347	-0.0003	0.1350	0.4527	0.2700
福建	0.3629	0.4444	0.4442	0.0813	0.0815	-0.0002	0.4153	0.1630
广东	0.42	0.5644	0.6682	0.2482	0.1444	0.1038	0.5411	0.4964
黑龙江	0.4453	0.4287	0.673	0.2277	-0.0166	0.2443	0.5046	0.4886
吉林	0.4712	0.5092	0.6624	0.1912	0.0380	0.1532	0.5417	0.3824
山西	0.3514	0.383	0.5237	0.1723	0.0316	0.1407	0.4131	0.3446
河南	0.2829	0.3369	0.4395	0.1566	0.0540	0.1026	0.3473	0.3132
湖北	0.4775	0.4432	0.6548	0.1773	-0.0343	0.2116	0.5175	0.4232
湖南	0.302	0.3498	0.4959	0.1939	0.0478	0.1461	0.3742	0.3878
安徽	0.2912	0.3195	0.4386	0.1474	0.0283	0.1191	0.3443	0.2948
江西	0.3454	0.3518	0.4501	0.1047	0.0064	0.0983	0.3796	0.2094
内蒙古	0.3322	0.3071	0.4758	0.1436	-0.0251	0.1687	0.3648	0.3374
陕西	0.4904	0.5501	0.6194	0.1290	0.0597	0.0693	0.5508	0.2580
甘宁青	0.3246	0.3972	0.5045	0.1799	0.0726	0.1073	0.4022	0.3598
四川	0.3401	0.4781	0.5772	0.2371	0.1380	0.0991	0.4544	0.4742
云贵	0.412	0.5257	0.5745	0.1625	0.1137	0.0488	0.4992	0.3250
广西	0.3348	0.3689	0.4592	0.1244	0.0341	0.0903	0.3842	0.2488

（二）基尼系数的一致性及偏离度分析

第一，从人口规模体系基尼系数、土地规模体系基尼系数和经济规模体系基尼系数的比较来看，各省区经济规模体系的基尼系数总体上大于人口规模体系和土地规模体系的基尼系数，说明相对于人口规模体系和土地规模体系来说，经济规模体系内部的差异更为明显。此外，就人口规模体系基尼系数和土地规模体系基尼系数的比较来看，二者较为接近，但大多数省区的土地规模体系基尼系数要大于人口规模体系基尼系数，说明相对于人口规模体系的非均衡性来说，土地规模体系内部的非均衡性更为突出（见图4-13）。

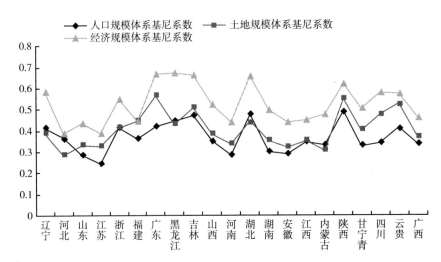

图 4-13 各省区人口规模体系、土地规模体系及经济规模体系基尼系数

　　第二，为了具体分析人口规模体系基尼系数、土地规模体系基尼系数和经济规模体系基尼系数之间的错位程度，用"经-人""地-人""经-地"分别表示经济规模体系基尼系数减去人口规模体系基尼系数、土地规模体系基尼系数减去人口规模体系基尼系数、经济规模体系基尼系数减去土地规模体系基尼系数。从图 4-14 可以看出，东部地区的"经-人""地-人""经-地"都比较小，说明三者的两两关系比较均衡。对于中部地区和西部地区来说，"经-人"总体上大于"经-地"，"经-地"总体上大于"地-人"。或者说，对于中部地区和西部地区来说，总体上经济规模体系基尼系数与人口规模体系基尼系数的差距要大于经济规模体系基尼系数与土地规模体系基尼系数的差距；经济规模体系基尼系数与土地规模体系基尼系数的差距要大于土地规模体系基尼系数与人口规模体系基尼系数的差距。

　　第三，为了进一步总体分析城市规模体系的均衡特征及偏离度，用人口规模体系、土地规模体系及经济规模体系的基尼系数进行几何平均，表示每个省区的综合基尼系数；用"经-人""地-人""经-地"的绝对值进行累加，计算得到每个省区人口规模体系基尼

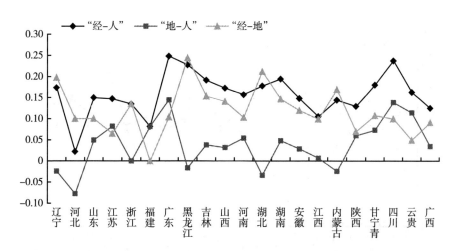

**图 4-14 各省区人口规模体系、土地规模体系及经济规模体系
基尼系数两两相减情况**

系数、土地规模体系基尼系数、经济规模体系基尼系数的总偏离度。总体来看，综合基尼系数从东向西递增，东部地区综合基尼系数的最小值为江苏的 0.3127，最大值为广东的 0.5411；中部地区最小值为安徽的 0.3443，最大值为吉林的 0.5417；西部地区最小值为内蒙古的 0.3648，最大值则为陕西的 0.5508。基尼系数总偏离度也从东向西递增，东部地区总偏离度最小值为福建的 0.1630，最大值为广东的 0.4964；中部地区总偏离度最小值为江西的 0.2094，最大值为黑龙江的 0.4886；西部地区的总偏离度波动较大，其中总偏离度最大的为四川，达到 0.4742，总偏离度最小的广西则只有 0.2488（见图 4-15）。

（三）基尼系数的趋势性分析

从趋势线的规律分析来看，人口规模体系基尼系数、土地规模体系基尼系数、经济规模体系基尼系数具有同向性，预计三者之间应为一种正相关关系。进一步采取截面固定效应的面板模型估计，得到基于基尼系数的人口规模体系、土地规模体系及经济规模体系的面板回归结果（见表 4-10）。

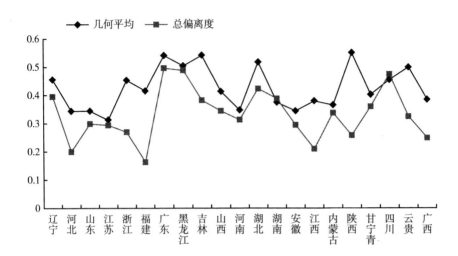

**图 4-15 各省区人口规模体系、土地规模体系及经济规模体系
基尼系数几何平均及总偏离度**

**表 4-10 各省区人口规模体系、土地规模体系及经济规模体系
基尼系数面板固定效应估计结果**

被解释变量：人口规模体系基尼系数		被解释变量：土地规模体系基尼系数		被解释变量：经济规模体系基尼系数	
变量	系数及显著性	变量	系数及显著性	变量	系数及显著性
C	0.1558 *** (5.269)	C	0.2506 *** (4.9098)	C	0.3686 *** (18.175)
土地规模体系基尼系数	0.1252 *** (3.074)	人口规模体系基尼系数	0.2831 *** (2.65)	人口规模体系基尼系数	0.3579 *** (8.494)
经济规模体系基尼系数	0.2961 *** (6.64)	经济规模体系基尼系数	0.08142 (1.017359)	土地规模体系基尼系数	0.0435 (1.0301)
R²	0.8964	R²	0.8629	R²	0.9341
调整后的 R²	0.8891	调整后的 R²	0.8533	调整后的 R²	0.9295
F 统计值	123.08 ***	F 统计值	89.576 ***	F 统计值	201.78 ***

注：* 、** 和 *** 分别表示在 10%、5% 和 1% 的水平下显著，括号内为 t 值。

　　从表 4-10 可以看出，第一，土地规模体系基尼系数和经济规模
体系基尼系数均对人口规模体系基尼系数有正向影响，且均通过显
著性检验，二者的系数分别为 0.1252 和 0.2961；第二，人口规模体
系基尼系数对土地规模体系基尼系数的影响系数为 0.2831，经济规
模体系基尼系数对土地规模体系基尼系数的影响不显著；第三，人
口规模体系基尼系数对经济规模体系基尼系数的影响系数为 0.3579，
而土地规模体系基尼系数对经济规模体系基尼系数的影响不显著。

二　HH 指数分析

（一）HH 指数测度结果

　　为了便于比较，表 4-11 汇总了各省区人口规模体系、土地规模
体系及经济规模体系 HH 指数及其几何平均与总偏离度。

表 4-11　各省区人口规模体系、土地规模体系及经济规模体系 HH 指数及其几何平均与总偏离度

省区	人口规模体系 HH 指数	土地规模体系 HH 指数	经济规模体系 HH 指数	"经-人"	"地-人"	"经-地"	几何平均	总偏离度
辽宁	0.1427	0.1258	0.2168	0.0741	-0.0169	0.0910	0.1573	0.1820
河北	0.1316	0.1165	0.1455	0.0139	-0.0151	0.0290	0.1307	0.0580
山东	0.0785	0.0881	0.1091	0.0306	0.0096	0.0210	0.0910	0.0612
江苏	0.0959	0.1128	0.1227	0.0268	0.0169	0.0099	0.1099	0.0536
浙江	0.1621	0.1526	0.2228	0.0607	-0.0095	0.0702	0.1766	0.1404
福建	0.1602	0.1931	0.1941	0.0339	0.0329	0.0010	0.1818	0.0678
广东	0.0856	0.1324	0.1702	0.0846	0.0468	0.0378	0.1245	0.1692
黑龙江	0.1964	0.1512	0.3138	0.1174	-0.0452	0.1626	0.2104	0.3252
吉林	0.2792	0.3177	0.473	0.1938	0.0385	0.1553	0.3475	0.3876
山西	0.1469	0.1732	0.282	0.1351	0.0263	0.1088	0.1929	0.2702
河南	0.0775	0.0996	0.1597	0.0822	0.0221	0.0601	0.1072	0.1644
湖北	0.2234	0.2001	0.3908	0.1674	-0.0233	0.1907	0.2595	0.3814
湖南	0.1114	0.1331	0.2031	0.0917	0.0217	0.0700	0.1444	0.1834

省区	人口规模体系HH指数	土地规模体系HH指数	经济规模体系HH指数	"经-人"	"地-人"	"经-地"	几何平均	总偏离度
安徽	0.0795	0.1028	0.1467	0.0672	0.0233	0.0439	0.1062	0.1344
江西	0.1283	0.1408	0.2038	0.0755	0.0125	0.0630	0.1544	0.1510
内蒙古	0.1523	0.1508	0.2153	0.0630	-0.0015	0.0645	0.1704	0.1290
陕西	0.2958	0.3507	0.4073	0.1115	0.0549	0.0566	0.3483	0.2230
甘宁青	0.0772	0.0929	0.1318	0.0546	0.0157	0.0389	0.0981	0.1092
四川	0.1082	0.1992	0.2895	0.1813	0.0910	0.0903	0.1841	0.3626
云贵	0.1117	0.1762	0.1901	0.0784	0.0645	0.0139	0.1552	0.1568
广西	0.104	0.1194	0.1501	0.0461	0.0154	0.0307	0.1231	0.0922

（二）HH 指数的一致性及偏离度分析

第一，从人口规模体系 HH 指数、土地规模体系 HH 指数和经济规模体系 HH 指数的比较来看，各省区经济规模体系的 HH 指数总体上大于人口规模体系和土地规模体系的 HH 指数，说明相对于人口规模体系和土地规模体系来说，经济规模体系内部的集中程度更为明显。此外，就人口规模体系 HH 指数和土地规模体系 HH 指数的比较来看，二者较为接近，但大多数省区的土地规模体系 HH 指数要大于人口规模体系 HH 指数，说明相对于人口规模体系的集中程度来说，土地规模体系内部的集中程度更为突出（见图 4-16）。

第二，为了具体分析人口规模体系 HH 指数、土地规模体系 HH 指数和经济规模体系 HH 指数之间的错位程度，用"经-人""地-人""经-地"分别表示经济规模体系 HH 指数减去人口规模体系 HH 指数、土地规模体系 HH 指数减去人口规模体系 HH 指数、经济规模体系 HH 指数减去土地规模体系 HH 指数。从图 4-17 可以看出，东部地区的"经-人""地-人""经-地"都比较小，说明三者的两两关系比较均衡。对于中部地区和西部地区来

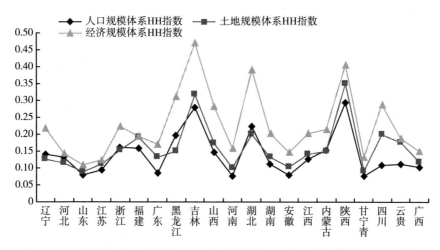

图 4-16 各省区人口规模体系、土地规模体系及经济规模体系 HH 指数

说，"经-人"总体上大于"经-地"，"经-地"总体上大于"地-人"。或者说，对于中部地区和西部地区来说，总体上经济规模体系 HH 指数与人口规模体系 HH 指数的差距要大于经济规模体系 HH 指数与土地规模体系 HH 指数的差距；经济规模体系 HH 指数与土地规模体系 HH 指数的差距要大于土地规模体系 HH 指数与人口规模体系 HH 指数的差距。

第三，为了进一步总体分析城市规模体系的集中度及偏离度，用人口规模体系、土地规模体系及经济规模体系的 HH 指数进行几何平均，表示每个省区的综合 HH 指数；用"经-人""地-人""经-地"的绝对值进行累加，计算得到每个省区人口规模体系 HH 指数、土地规模体系 HH 指数、经济规模体系 HH 指数的总偏离度。总体来看，综合 HH 指数从东向西递增，东部地区的综合 HH 指数普遍较小，均小于 0.2，最小值为山东的 0.0910，最大值为福建的 0.1818；中部地区最小值为安徽的 0.1062，最大值为吉林的 0.3475；西部地区最小值为甘宁青的 0.0981，最大值则为陕西的 0.3483。HH 指数总偏离度也从东向西递增，东部地区总偏离度最小

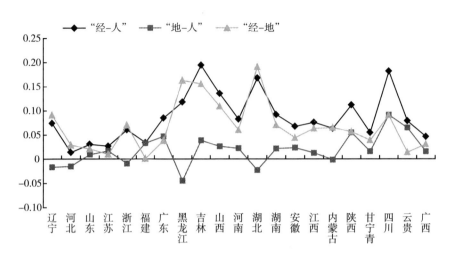

**图4-17 各省区人口规模体系、土地规模体系及经济规模体系
HH指数两两相减情况**

值为江苏的0.0536，最大值为辽宁的0.1820；中部地区的总偏离度均大于0.13，吉林、湖北和黑龙江的总偏离度则大于0.3；西部地区的总偏离度波动较大，其中总偏离度最大的为四川，达到0.3626，而广西的总偏离度则只有0.0922（见图4-18）。

（三）HH指数的趋势性分析

从趋势线的规律分析来看，人口规模体系HH指数、土地规模体系HH指数、经济规模体系HH指数具有同向性，预计三者之间应为一种正相关关系。进一步采取截面固定效应的面板模型估计，得到基于HH指数的人口规模体系、土地规模体系及经济规模体系的面板回归结果（见表4-12）。

从表4-12可以看出，第一，土地规模体系HH指数和经济规模体系HH指数对人口规模体系HH指数均有显著影响，二者的系数分别为0.0978和0.2226，说明经济规模体系HH指数对人口规模体系HH指数的影响要大于土地规模体系HH指数对人口规模体系

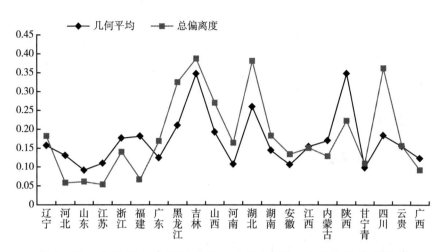

图 4-18 各省区人口规模体系、土地规模体系及经济规模体系 HH 指数几何平均及总偏离度

表 4-12 各省区人口规模体系、土地规模体系及经济规模体系 HH 指数面板固定效应估计结果

被解释变量：人口规模体系 HH 指数		被解释变量：土地规模体系 HH 指数		被解释变量：经济规模体系 HH 指数	
变量	系数及显著性	变量	系数及显著性	变量	系数及显著性
C	0.0718*** （8.788）	C	0.0775*** （2.701）	C	0.0819*** （4.109）
土地规模体系 HH 指数	0.0978** （2.272）	人口规模体系 HH 指数	0.3862** （2.052）	人口规模体系 HH 指数	0.8409*** （7.166）
经济规模体系 HH 指数	0.2226*** （37.773）	经济规模体系 HH 指数	0.0931 （0.9276）	土地规模体系 HH 指数	0.0891 （0.936）
R^2	0.9664	R^2	0.8751	R^2	0.948
调整后的 R^2	0.964	调整后的 R^2	0.8664	调整后的 R^2	0.9444
F 统计值	408.616***	F 统计值	99.72***	F 统计值	259.45***

注：*、** 和 *** 分别表示在 10%、5% 和 1% 的水平下显著，括号内为 t 值。

HH 指数的影响；第二，人口规模体系 HH 指数对土地规模体系 HH 指数的影响系数为 0.3862，而经济规模体系 HH 指数对土地规模体系 HH 指数的影响并不显著；第三，人口规模体系 HH 指数对经济规模体系 HH 指数的影响比较大，系数为 0.8409，但土地规模体系 HH 指数对经济规模体系 HH 指数的影响则不显著。

三　离散系数分析

（一）离散系数测度结果

为了便于比较，表 4-13 汇总了各省区人口规模体系、土地规模体系及经济规模体系离散系数及其几何平均与总偏离度。

表 4-13　各省区人口规模体系、土地规模体系及经济规模体系离散系数及其几何平均与总偏离度

省区	人口规模体系离散系数	土地规模体系离散系数	经济规模体系离散系数	"经-人"	"地-人"	"经-地"	几何平均	总偏离度
辽宁	1.0367	0.9058	1.4807	0.4440	−0.1309	0.5749	1.1161	1.1498
河北	0.7019	0.5569	0.8125	0.1106	−0.1450	0.2556	0.6823	0.5112
山东	0.5967	0.7271	0.9529	0.3562	0.1304	0.2258	0.7450	0.7124
江苏	0.5171	0.7104	0.8033	0.2862	0.1933	0.0929	0.6658	0.5724
浙江	0.9284	0.8639	1.2632	0.3348	−0.0645	0.3993	1.0044	0.7986
福建	0.7047	0.9112	0.9169	0.2122	0.2065	0.0057	0.8381	0.4244
广东	0.9153	1.3672	1.6439	0.7286	0.4519	0.2767	1.2718	1.4572
黑龙江	1.2168	0.9426	1.7368	0.5200	−0.2742	0.7942	1.2582	1.5884
吉林	1.1874	1.3275	1.7838	0.5964	0.1401	0.4563	1.4114	1.1928
山西	0.8228	0.998	1.5204	0.6976	0.1752	0.5224	1.0768	1.3952
河南	0.5811	0.8577	1.3495	0.7684	0.2766	0.4918	0.8762	1.5368
湖北	1.354	1.2365	2.0062	0.6522	−0.1175	0.7697	1.4976	1.5394
湖南	0.6963	0.8892	1.3328	0.6365	0.1929	0.4436	0.9380	1.2730

续表

省区	人口规模体系离散系数	土地规模体系离散系数	经济规模体系离散系数	"经-人"	"地-人"	"经-地"	几何平均	总偏离度
安徽	0.5384	0.8292	1.1985	0.6601	0.2908	0.3693	0.8118	1.3202
江西	0.673	0.7766	1.1689	0.4959	0.1036	0.3923	0.8485	0.9918
内蒙古	0.6461	0.634	1.027	0.3809	-0.0121	0.3930	0.7493	0.7860
陕西	1.4752	1.6692	1.8478	0.3726	0.1940	0.1786	1.6571	0.7452
甘宁青	0.7014	0.8984	1.2602	0.5588	0.1970	0.3618	0.9260	1.1176
四川	1.0017	1.6256	2.1116	1.1099	0.6239	0.4860	1.5093	2.2198
云贵	0.7792	1.2568	1.3374	0.5582	0.4776	0.0806	1.0941	1.1164
广西	0.7011	0.8502	1.0888	0.3877	0.1491	0.2386	0.8658	0.7754

(二) 离散系数的一致性及偏离度分析

第一，从人口规模体系离散系数、土地规模体系离散系数和经济规模体系离散系数的比较来看，各省区经济规模体系的离散系数总体上大于人口规模体系和土地规模体系的离散系数，说明相对于人口规模体系和土地规模体系来说，经济规模体系内部的差异更为明显。此外，就人口规模体系离散系数和土地规模体系离散系数的比较来看，二者较为接近，但大多数省区的土地规模体系离散系数要大于人口规模体系离散系数，说明相对于人口规模体系的非均衡性来说，土地规模体系内部的非均衡性更为突出（见图4-19）。

第二，为了具体分析人口规模体系离散系数、土地规模体系离散系数和经济规模体系离散系数之间的错位程度，用"经-人""地-人""经-地"分别表示经济规模体系离散系数减去人口规模体系离散系数、土地规模体系离散系数减去人口规模体系离散系数、经济规模体系离散系数减去土地规模体系离散系数。从图4-20可以看出，东部地区的"经-人""地-人""经-地"都比较小，说明三

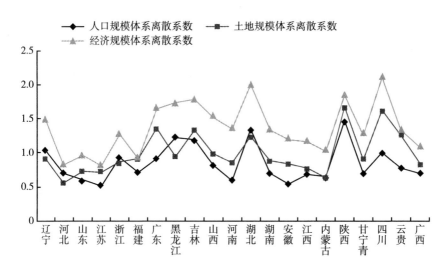

图4-19 各省区人口规模体系、土地规模体系及经济规模体系离散系数

者的两两关系比较均衡。对于中部地区和西部地区来说，"经-人"总体上大于"经-地"，"经-地"总体上大于"地-人"。或者说，对于中部地区和西部地区来说，总体上经济规模体系离散系数与人口规模体系离散系数的差距要大于经济规模体系离散系数与土地规模体系离散系数的差距；经济规模体系离散系数与土地规模体系离散系数的差距要大于土地规模体系离散系数与人口规模体系离散系数的差距。

第三，为了进一步总体分析城市规模体系的离散特征及偏离度，用人口规模体系、土地规模体系及经济规模体系的离散系数进行几何平均，表示每个省区的综合离散系数；用"经-人""地-人""经-地"的绝对值进行累加，计算得到每个省区人口规模体系离散系数、土地规模体系离散系数、经济规模体系离散系数的总偏离度。总体来看，综合离散系数从东向西递增，东部地区综合离散系数的最小值为江苏的0.6658，最大值为广东的1.2718；中部地区最小值为安徽的0.8118，最大值为湖北的1.4976；西部地区最小值为内蒙古的0.7493，最大值为陕西的1.6571。离散系数总偏离度也从东向

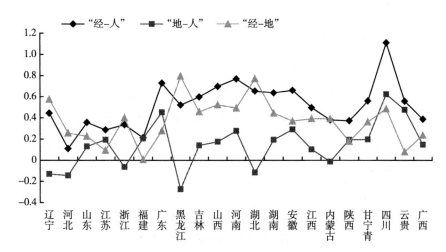

图4-20 各省区人口规模体系、土地规模体系及经济规模体系离散系数两两相减情况

西递增，东部地区的总偏离度除辽宁和广东外均小于1；中部地区的总偏离度除江西外均大于1；西部地区的总偏离度波动较大，其中总偏离度最大的为四川，达到2.2198，陕西的总偏离度则只有0.7452（见图4-21）。

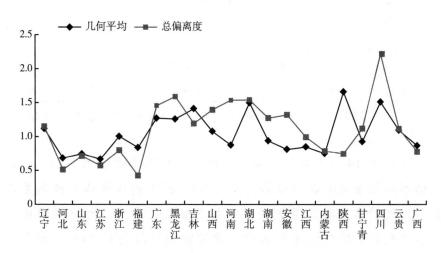

图4-21 各省区人口规模体系、土地规模体系及经济规模体系离散系数几何平均及总偏离度

（三）离散系数的趋势性分析

从趋势线的规律分析来看，人口规模体系离散系数、土地规模体系离散系数、经济规模体系离散系数具有同向性，预计三者之间应为一种正相关关系。进一步采取截面固定效应的面板模型估计，得到基于离散系数的人口规模体系、土地规模体系及经济规模体系的面板回归结果（见表4-14）。

表4-14　各省区人口规模体系、土地规模体系及经济规模体系离散系数面板固定效应估计结果

被解释变量：人口规模体系离散系数		被解释变量：土地规模体系离散系数		被解释变量：经济规模体系离散系数	
变量	系数及显著性	变量	系数及显著性	变量	系数及显著性
C	0.3675 *** (6.964)	C	0.4824 *** (3.8297)	C	0.753 *** (12.511)
土地规模体系离散系数	0.05855 (1.385)	人口规模体系离散系数	0.1739 (1.3627)	人口规模体系离散系数	0.4956 *** (7.621)
经济规模体系离散系数	0.2952 *** (7.567)	经济规模体系离散系数	0.2416 (2.627)	土地规模体系离散系数	0.1365 *** (2.688)
R^2	0.9105	R^2	0.8319	R^2	0.932
调整后的 R^2	0.9043	调整后的 R^2	0.8201	调整后的 R^2	0.9272
F 统计值	144.81 ***	F 统计值	70.42 ***	F 统计值	194.99 ***

注：* 、** 和 *** 分别表示在10%、5%和1%的水平下显著，括号内为t值。

从表4-14可以看出，第一，经济规模体系离散系数对人口规模体系离散系数的影响系数为0.2952，而土地规模体系离散系数对人口规模体系离散系数的影响并不显著；第二，经济规模体系离散系数对土地规模体系离散系数的影响系数为0.2416，而人口规模体系离散系数对土地规模体系离散系数的影响并不显著；第三，人口规模体系离散系数和土地规模体系离散系数对经济规模体系离散系数的影响均显著为正，系数分别为 0.4956 和 0.1365。

综上可见，人口规模体系离散系数和土地规模体系离散系数之间并无显著影响，而经济规模体系离散系数对人口规模体系离散系数和土地规模体系离散系数的影响较为显著，且后两者也对前者有正向影响。

第五章　中国省域城市规模体系的影响因素分析

城市规模体系的形成、发展与演变，受到经济、政治、自然、历史、文化等多种因素的影响，通过对城市规模体系影响因素的分析，一方面可以掌握城市规模体系形成的原因，另一方面则可以根据分析结果提出城市规模体系优化的建议。

第一节　变量选取与数据来源

一　变量选取、数据来源与数据处理

（一）被解释变量界定

虽然本书对城市人口规模体系进行了多元测度，但并不是把每一个测度结果作为被解释变量。齐普夫指数是人口规模体系的基础性因素，反映了城市体系整体的分布情况；全城市指数是城市人口规模体系的首位因素，反映了首位城市的主导地位；基尼系数则反映了城市规模体系内各城市的差别情况，体现了城市分布的均衡程度。基于上述分析，分别选取人口规模体系和土地规模体系的齐普夫指数、全城市指数、基尼系数作为被解释变量进行面板分析。

（二）影响因子选择

城市规模体系受经济、政治、自然、历史、文化等多种因素的影响，但是基于数据操作性与政策可行性的考虑，不可能把所有的因素都纳入解释模型之中。在充分借鉴现有文献关于城市规模影响因素的基础上，选择城乡二元结构、经济因素、政府支出、建成区面积、外向度、通达性六个方面进行分析。

1. **城乡二元结构**

人口城镇化率。人口城镇化是城市规模分布的基础条件。进一步的分析是，人口城镇化进程中人口的空间分布是更集中于大城市，还是集中于中小城市？即人口城镇化的进程是提高了城市集中度，还是使城市人口分布更为均衡？因此，分析人口城镇化率对城市规模体系的影响，有助于提出促进城镇人口在不同等级城市中均衡分布的对策措施。人口城镇化率为当年城镇人口数量除以总人口得到，为无量纲。

城乡收入差距。一般来说，城乡收入差距越大，农村居民从农村迁往城市的动力就越大。但城乡收入差距大相伴随的是城乡消费差距的扩大，而且城市规模越大，消费成本就越高，因此城市规模太大可能不利于农村居民进城就业生活，进而引致农村居民更多地向中小城市就业生活。城乡收入差距以当年城镇居民人均可支配收入除以农村居民人均纯收入得到，为无量纲。

2. **经济因素**

城市规模体系的形成、演变与发展，归根结底是经济基础在城市空间布局的作用下发生的。经济因素通过经济总量、经济结构及经济活跃程度对城市规模体系产生影响。

经济总量是城市规模体系形成和发展的基础性因素，因此用GDP来衡量各省区的经济基础规模。当然，由于各省区人口规模的差异性，因此从人均GDP的角度可以衡量经济发展的阶段，也更加具有可比性。另外，城市是集中了商业、服务业的最为发达的地区，反过来商业和服务业也在影响城市规模，因此用人均社会消费品零售总额来衡量城市的市场活跃程度。

经济因素除了上述总体性特征之外，还存在重要的结构性特征，其中非农人口比重上升和非农产业产值比重上升是其本质性特征。一方面，城镇化的本质是人口就业的非农化；另一方面，产业结构还有一个高级化的过程，高级化过程往往体现为第三产业产值比重不断超过第二产业产值比重的过程，因此用第三产业产值与第二产业产值之比来表征产业高级化水平。

3. 政府支出

某一城市的财政支出主要通过投资和转移支付两个方面促进该城市经济增长，进而扩大城市规模。一方面，政府增加对某一城市的基础设施投资，投资通过乘数效应带动城市经济增长和就业岗位增加；另一方面，转移支付主要通过增加个人的收入，从而促进消费增长来带动城市经济增长。上述两个方面都有助于城市规模的扩大。为此，将政府财政支出占 GDP 比重作为政府财政能力的占比性指标，将政府财政支出的绝对数字作为政府财政能力的规模性指标。

4. 建成区面积

尽管现有文献关于建成区面积对城市规模体系的影响有各种结论，但是建成区面积无疑是城市规模体系布局的空间承载。因此，引入建成区面积，有助于分析城市规模体系的空间影响因素，说明各省区城市分布的空间差异。就建成区面积来说，至少有两个指标需要考虑：一个是一个省区的建成区面积，单位为平方千米；另一个是一个省区的建成区人口密度，单位为万人/千米^2。

5. 外向度

城市对外经济联系强度也是影响城市规模分布的重要因素，反映城市对外经济联系强度的指标主要有进出口总额和外商投资。

进出口总额反映了城市基础部门的对外经济联系，进出口总额越大，对城市经济增长的促进作用就越大。一般来说，进出口企业需要良好的经济基础、优越的区位条件、先进的基础设施和公共服务等，而城市规模越大，上述要素就越充分。进出口总额为所在省区当年进出口总额乘以当年的人民币兑美元汇率得到，单位为亿元。

外资使用情况通常表明了一个地区的对外开放程度以及该地区的经济水平。一般而言，使用外资越多，该地区的对外开放程度越高、经济水平越高、科学技术越先进、城市发展速度越快。外商投资通过两个途径促进城市规模扩大：一方面，外商投资作为投资的一种形式，通过投资乘数效应拉动城市经济增长和就业需求增加；另一方面，外商投资带来国外先进技术，通过技术溢出效应促进城市经济增长。本书使用实际利用外资占 GDP 比重来表征城市对外资吸引能力。

6. 通达性

从前文的分析可见，在城市规模体系的形成和发展过程中，交通条件发挥着重要的作用。便捷的交通条件有助于低成本地实现人流、物流和资本流的快速流动，实现不同地区的资源互通，并最终影响城市规模体系的发展变化。一方面，随着路网密度的改善，首位城市获得资金、技术、人才的途径更加便捷，因此有可能提高城市首位度；另一方面，交通网络的改善，可能会使核心城市的资金、技术、产品和人才更方便地流动到核心城市之外的城市，且非首位城市之间交通的便捷，也促进了城市规模的扁平化。

为充分掌握交通条件对城市规模体系的影响，选取两个指标来进行描述：一个指标是客运量，单位为万人，用以表征各省区交通能力的实际绩效；另一个指标是路网密度，由所在省区的公路、铁路通车里程除以所在区域的区域面积得到，单位为千米/千米^2，用以表征各省区对交通条件的承载能力。

二 数据来源与解释变量统计描述

(一) 数据来源

本书研究的东部地区包括辽宁、河北、山东、江苏、浙江、福建、广东7个省区；中部地区包括黑龙江、吉林、山西、河南、湖北、湖南、安徽、江西8个省区；西部地区包括内蒙古、陕西、甘宁青、四川、云贵、广西6个省区。

所有解释变量数据均来自2004~2019年《中国统计年鉴》，其中甘宁青的数据是用甘肃、宁夏、青海3个省区的相应指标整合而成，云贵的数据是用云南和贵州2个省区的相应指标整合而成。

(二) 解释变量统计描述

表5-1为全国各个解释变量样本统计分析结果，每个解释变量截面数是21个，共16年的数据，有336个样本。表5-2为东部地区各个解释变量样本统计分析结果。东部地区的每个解释变量截面数是7个，共16年的数据，有112个样本。表5-3为中部地区各个解释变量样本统计分析结果。中部地区的每个解释变量截面数是8个，共16年的数据，有128个样本。表5-4为西部地区各个解释变量样本统计分析结果。西部地区的每个解释变量截面数是6个，共16年的数据，有96个样本。

表5-1 全国各个解释变量样本统计分析结果

变量	平均值	中位数	最大值	最小值	标准差
城乡收入差距(比值)	2.848	2.734	4.551	2.036	0.516
人口城镇化率(比值)	0.497	0.501	0.707	0.257	0.102
人均社会消费品零售总额(万元)	1.320	1.110	4.406	0.151	0.913
人均GDP(万元)	3.204	2.891	11.577	0.493	2.035

续表

变量	平均值	中位数	最大值	最小值	标准差
GDP（亿元）	19403.980	13278.950	99945.200	2141.000	17113.180
财政支出占 GDP 比重（比值）	0.199	0.184	0.503	0.084	0.081
财政支出（亿元）	3555.135	3049.465	15729.260	382.100	2738.672
建成区面积（平方千米）	1793.864	1475.000	6036.000	508.280	1074.933
实际利用外资占 GDP 比重（比值）	0.039	0.020	0.461	0.000	0.054
进出口总额（亿元）	2606.994	1326.525	16388.310	480.341	2901.060
路网密度（千米/千米^2）	0.943	0.901	2.323	0.103	0.500
客运量（万人）	99219.200	78606.000	574266.000	13268.000	73487.310
建成区人口密度（万人/千米^2）	1.711	1.688	2.962	1.011	0.380
非农产业产值比重（比值）	0.881	0.886	0.966	0.755	0.048
产业高级化水平（比值）	0.951	0.931	1.784	0.527	0.231

表 5-2　东部地区各个解释变量样本统计分析结果

变量	平均值	中位数	最大值	最小值	标准差
城乡收入差距（比值）	2.569	2.538	3.153	2.036	0.253
人口城镇化率（比值）	0.573	0.588	0.707	0.328	0.089
人均社会消费品零售总额（万元）	1.814	1.593	4.406	0.322	1.076
人均 GDP（万元）	4.426	4.020	11.577	0.936	2.449
GDP（亿元）	31140.930	23885.050	99945.200	4999.600	21953.920
财政支出占 GDP 比重（比值）	0.138	0.129	0.271	0.084	0.043
财政支出（亿元）	4381.951	3810.580	15729.260	452.300	3306.336
建成区面积（平方千米）	2688.552	2382.500	6036.000	598.430	1335.275
实际利用外资占 GDP 比重（比值）	0.023	0.013	0.134	0.000	0.024
进出口总额（亿元）	5531.874	4699.321	16388.310	1088.821	3476.803

续表

变量	平均值	中位数	最大值	最小值	标准差
路网密度（千米/千米²）	1.254	1.205	2.323	0.523	0.426
客运量（万人）	133495.800	102404.000	574266.000	47346.000	97009.610
建成区人口密度（万人/千米²）	1.575	1.495	2.639	1.054	0.324
非农产业产值比重（比值）	0.915	0.917	0.966	0.824	0.033
产业高级化水平（比值）	0.890	0.853	1.376	0.578	0.181

表5-3 中部地区各个解释变量样本统计分析结果

变量	平均值	中位数	最大值	最小值	标准差
城乡收入差距（比值）	2.678	2.679	3.304	2.064	0.328
人口城镇化率（比值）	0.479	0.495	0.603	0.272	0.079
人均社会消费品零售总额（万元）	1.145	1.031	3.481	0.216	0.721
人均GDP（万元）	2.644	2.586	7.102	0.661	1.407
GDP（亿元）	14363.360	11402.450	49935.900	2141.000	10436.400
财政支出占GDP比重（比值）	0.202	0.194	0.377	0.103	0.062
财政支出（亿元）	2915.771	2561.105	9217.730	382.100	2063.206
建成区面积（平方千米）	1444.877	1416.290	2797.000	598.540	475.683
实际利用外资占GDP比重（比值）	0.051	0.031	0.219	0.001	0.051
进出口总额（亿元）	1208.350	1149.679	2567.467	480.341	460.832
路网密度（千米/千米²）	1.018	0.986	1.942	0.319	0.437
客运量（万人）	81433.000	68971.000	213432.000	23837.000	45083.360
建成区人口密度（万人/千米²）	1.745	1.792	2.418	1.011	0.346
非农产业产值比重（比值）	0.869	0.872	0.954	0.759	0.046
产业高级化水平（比值）	0.924	0.920	1.784	0.527	0.269

表 5-4　西部地区各个解释变量样本统计分析结果

变量	平均值	中位数	最大值	最小值	标准差
城乡收入差距(比值)	3.399	3.246	4.551	2.492	0.534
人口城镇化率(比值)	0.433	0.435	0.627	0.257	0.089
人均社会消费品零售总额(万元)	0.979	0.833	2.831	0.151	0.667
人均 GDP(万元)	2.523	2.300	6.370	0.493	1.515
GDP(亿元)	12431.710	10450.600	42902.100	2227.500	8843.034
财政支出占 GDP 比重(比值)	0.266	0.243	0.503	0.137	0.084
财政支出(亿元)	3443.003	3098.940	11104.710	418.200	2572.035
建成区面积(平方千米)	1215.376	1130.000	2982.000	508.280	492.821
实际利用外资占 GDP 比重(比值)	0.041	0.014	0.461	0.001	0.075
进出口总额(亿元)	1059.493	990.330	2191.787	485.590	358.514
路网密度(千米/千米^2)	0.481	0.428	1.140	0.103	0.277
客运量(万人)	82944.830	69750.000	277611.000	13268.000	57021.590
建成区人口密度(万人/千米^2)	1.825	1.841	2.962	1.205	0.437
非农产业产值比重(比值)	0.856	0.862	0.924	0.755	0.040
产业高级化水平(比值)	1.058	1.045	1.481	0.685	0.191

三　空间效应的识别

在建立计量模型之前，首先要识别是否存在空间效应。如果存在空间效应，则采用空间计量模型予以分析；如果不存在空间效应，则采用传统的面板模型予以分析。

(一)　空间效应的识别理由

从方法论的角度来说，空间计量经济学是近年来非常流行的实证方法，它能有效反映区域之间的空间依赖性和空间异质性，从而反映在区域经济一体化的背景下，人流、物流、信息流、资金流的毗邻效应，可能会对省域城市规模体系产生一定的影响。

为了识别省域城市规模体系之间的空间效应，利用 Moran's I 进行测度分析。

（二） Moran's I 估算

全域空间自相关反映的是研究变量空间关联程度的总体特征，用 Global Moran's I 表示，Global Moran's I 的值介于-1 和 1 之间。

$$I = \frac{n \sum_{i,j} w_{i,j} (y_i - \bar{y})(y_j - \bar{y})}{\sum_{i,j} w_{i,j} \sum_i (y_i - \bar{y})^2} \tag{5 - 1}$$

其中，$n=21$，为省区总数；y_i、y_j 分别为省区 i 和省区 j 城市规模体系的某一个指标（如人口规模体系齐普夫指数、全城市指数、基尼系数；或者土地规模体系齐普夫指数、全城市指数、基尼系数）；$\bar{y}$ 为各省区城市规模体系某一个指标的平均值；$w_{i,j}$ 为 0-1 邻接权重矩阵。计算的 Global Moran's I 见表 5-5、表 5-6。

表 5-5　中国省域城市人口规模体系各指标 Global Moran's I

年份	人口规模体系齐普夫指数			人口规模体系全城市指数			人口规模体系基尼系数		
	Moran's I	z 值	P 值	Moran's I	z 值	P 值	Moran's I	z 值	P 值
2003	-0. 2351	-1. 1623	0. 2451	-0. 1205	-0. 4548	0. 6492	-0. 3012	-1. 5889	0. 1121
2004	-0. 2109	-1. 0093	0. 3128	-0. 0446	0. 0346	0. 9724	-0. 2722	-1. 4112	0. 1582
2005	-0. 1143	-0. 4043	0. 6860	-0. 0630	-0. 0837	0. 9333	-0. 2123	-1. 0327	0. 3018
2006	-0. 0848	-0. 2203	0. 8256	-0. 0774	-0. 1767	0. 8597	-0. 1966	-0. 9423	0. 3461
2007	0. 0144	0. 4056	0. 6850	-0. 0228	0. 1761	0. 8602	-0. 0995	-0. 3150	0. 7528
2008	0. 0102	0. 3791	0. 7046	-0. 0286	0. 1382	0. 8901	-0. 1024	-0. 3334	0. 7389
2009	-0. 0109	0. 2454	0. 8062	-0. 0317	0. 1176	0. 9064	-0. 1070	-0. 3629	0. 7166
2010	0. 0442	0. 5907	0. 5547	-0. 0153	0. 2230	0. 8235	-0. 0575	-0. 0478	0. 9619
2011	0. 0146	0. 4070	0. 6840	0. 0214	0. 4599	0. 6456	-0. 1086	-0. 3726	0. 7094
2012	0. 0433	0. 5864	0. 5576	0. 0173	0. 4339	0. 6644	-0. 0783	-0. 1802	0. 8570
2013	-0. 0286	0. 1344	0. 8931	0. 0125	0. 4023	0. 6874	-0. 1321	-0. 5207	0. 6026
2014	-0. 0242	0. 1622	0. 8712	0. 0309	0. 5240	0. 6003	-0. 0902	-0. 2521	0. 8010
2015	0. 0270	0. 4866	0. 6266	0. 0103	0. 3896	0. 6968	-0. 0620	-0. 0759	0. 9395

年份	人口规模体系齐普夫指数			人口规模体系全城市指数			人口规模体系基尼系数		
	Moran's I	z 值	P 值	Moran's I	z 值	P 值	Moran's I	z 值	P 值
2016	0.0159	0.4163	0.6772	0.0334	0.5393	0.5897	0.0032	0.3356	0.7371
2017	0.0303	0.5029	0.6151	0.0054	0.3551	0.7225	-0.0131	0.2325	0.8162
2018	0.0611	0.6960	0.4864	-0.0018	0.3101	0.7565	-0.0143	0.2252	0.8218

表 5-6　中国省域城市土地规模体系各指标 Global Moran's I

年份	土地规模体系齐普夫指数			土地规模体系全城市指数			土地规模体系基尼系数		
	Moran's I	z 值	P 值	Moran's I	z 值	P 值	Moran's I	z 值	P 值
2003	0.1825	1.4695	0.1417	0.0757	0.7932	0.4277	0.1437	1.2454	0.2130
2004	0.2217	1.7353	0.0827	0.0804	0.8212	0.4116	0.2017	1.6330	0.1025
2005	0.2036	1.6128	0.1068	0.2577	1.9506	0.0511	0.1943	1.5815	0.1138
2006	0.0455	0.6046	0.5455	0.0538	0.6583	0.5103	0.0589	0.7041	0.4814
2007	0.0734	0.7801	0.4353	-0.0444	0.0353	0.9719	-0.0338	0.1055	0.9160
2008	0.0662	0.7324	0.4639	-0.0118	0.2412	0.8094	-0.0280	0.1412	0.8877
2009	0.0577	0.6803	0.4963	0.0163	0.4179	0.6760	-0.0004	0.3200	0.7490
2010	0.1688	1.3808	0.1673	-0.0065	0.2786	0.7805	0.0728	0.7874	0.4311
2011	0.1860	1.4890	0.1365	0.0033	0.3433	0.7314	0.1431	1.2289	0.2191
2012	0.1726	1.4079	0.1592	-0.0034	0.3009	0.7635	0.0684	0.7501	0.4532
2013	0.1087	1.0013	0.3167	-0.0265	0.1515	0.8796	0.0721	0.7690	0.4419
2014	0.1265	1.1093	0.2673	0.0041	0.3473	0.7284	0.0892	0.8806	0.3786
2015	0.1324	1.1525	0.2491	0.0027	0.3454	0.7298	0.0900	0.8906	0.3731
2016	0.1371	1.1735	0.2406	0.0189	0.4487	0.6536	0.0963	0.9249	0.3550
2017	0.1453	1.2259	0.2202	0.0360	0.5709	0.5681	0.1094	1.0092	0.3129
2018	0.1871	1.4821	0.1383	0.0438	0.6149	0.5386	0.1578	1.3081	0.1908

（三）空间效应的识别结果及其分析

从表 5-5 和表 5-6 可以看出，无论是人口规模体系还是土地规模体系，各项指标的 Global Moran's I 均不显著，因此无空间效应。那么，为什么人口规模体系的 3 个指标均没有空间效应呢？原因可能在于以下几个方面。

第一，人口规模体系各个指标未能反映城市人口规模的真实情况。例如，每个省区的城市建制应该是从县一级开始的，涵盖省会城市、地级市、县级市、县的城市体系才是一个地区真实的城市人口规模体系。但是，限于数据收集的困难，我们只能收集到地级市以上的人口资料。因此，数据收集的不完整性可能影响空间识别的效果。

第二，城市规模体系的形成既有行政区划的影响，也有市场经济的影响。因此，基于行政区划内部的城市规模体系分析并不真实准确，而基于城市群的城市规模体系分析更能反映城市之间的真实互动机制。

第三，基于数据连续性、可得性的角度，本书采用的人口规模口径是地级市以上的市辖区人口。而城市常住人口由于较难获得且连续性较差而未能采用，对统计分析有一定影响。

第四，由于研究的需要，本书人为地将甘肃、宁夏和青海合并为一个研究区域，将云南和贵州也合并为一个研究区域，可能对区域之间的空间关系造成一定影响。同时，在研究对象中，有许多省区属于双核城市，如辽宁、山东、福建、内蒙古等，这些双核城市随机地分布在全国各地，与单核城市的省区混杂在一起，弱化了空间效应。

第二节　中国省域城市人口规模体系的影响因素分析

一　城市人口规模体系齐普夫指数影响因素分析

（一）人口规模体系齐普夫指数回归结果

利用固定效应面板模型，对省域城市人口规模体系齐普夫指数的影响因素进行实证分析。其中，对全国人口规模体系齐普夫指数影响因素的分析采取的是空间固定效应的面板分析，对东部、中部、西部地区人口规模体系齐普夫指数影响因素的分析采取的是时间固定效应的面板分析。表 5-7 反映了全国及东部、中部、西部地区人口规模体系齐普夫指数影响因素回归结果，从回归结果来看，4 个模型的拟合优度均大于 0.85，且绝大多数影响因素的 t 检验显著。

表 5-7 全国及东部、中部、西部地区人口规模体系齐普夫指数影响因素回归结果

变量	全国	东部地区	中部地区	西部地区
常数项	1.251 *** (9.993)	1.352 (1.002)	3.767 *** (5.976)	0.072 (0.213)
城乡收入差距（比值）	−0.010 (−0.957)	−0.131 ** (−2.273)	−0.270 *** (−4.651)	0.146 *** (4.596)
人口城镇化率（比值）	−0.172 (−1.372)	−0.486 (−1.164)	0.150 (0.598)	0.388 (1.242)
人均社会消费品零售总额（万元）	−0.019 *** (−2.668)	0.004 (0.121)	0.068 (1.314)	−0.044 (−1.355)
人均 GDP（万元）	0.023 *** (3.555)	0.046 (1.428)	−0.060 (−1.374)	0.138 *** (5.441)
GDP（亿元）	−7.59E−07 (−0.697)	−1.38E−05 *** (−2.649)	4.33E−05 *** (4.034)	6.37E−06 (0.928)
财政支出占 GDP 比重（比值）	−0.170 ** (−2.295)	−0.715 (−0.824)	−0.454 (−0.610)	0.448 * (1.669)
财政支出（亿元）	3.67E−06 (0.719)	2.01E−05 (0.793)	−0.000147 ** (−2.325)	5.02E−05 *** (3.085)
建成区面积（平方千米）	−6.27E−05 *** (−3.003)	0.000173 *** (3.245)	−0.001 *** (−5.004)	−0.00034 *** (−5.349)
实际利用外资占 GDP 比重（比值）	−0.473 *** (−7.179)	0.538 (1.350)	−0.950 *** (−3.934)	−0.925 (−9.440)
进出口总额（亿元）	9.36E−06 *** (2.945)	1.50E−05 * (1.722)	−7.26E−05 (−2.446)	6.04E−05 *** (2.928)
路网密度（千米/千米²）	0.054 *** (2.813)	−0.420 *** (−9.976)	0.028 (0.475)	0.251 *** (4.211)
客运量（万人）	1.70E−07 *** (3.309)	1.22E−07 * (1.258)	−1.05E−06 *** (−3.415)	4.04E−07 ** (2.059)

变量	全国	东部地区	中部地区	西部地区
建成区人口密度（万人／千米^2）	-0.031 (-1.167)	0.228 (2.552)	-0.521*** (-5.434)	0.042 (1.468)
非农产业产值比重（比值）	-0.308*** (-3.356)	-0.268 (-0.191)	-0.657 (-1.756)	-1.156*** (-3.517)
产业高级化水平（比值）	0.042*** (4.334)	0.187** (2.234)	0.093 (1.605)	0.530*** (8.124)

省区	空间固定 效应	时间固定效应 2003～2018 年		
辽宁	0.016939	-0.258934	-0.058201	0.349386
河北	0.022792	-0.245826	-0.062248	0.298606
山东	-0.173695	-0.247748	-0.039495	0.305925
江苏	-0.174135	-0.07487	0.007757	0.303597
浙江	0.029799	-0.055101	-0.001714	0.246805
福建	0.06216	-0.015153	0.003617	0.168028
广东	0.243253	0.03579	0.02713	0.11116
黑龙江	0.090111	0.036122	0.026579	0.077507
吉林	0.255768	0.037133	0.048369	-0.015845
山西	-0.002977	0.065623	0.085744	-0.08852
河南	-0.109295	0.09444	0.006636	-0.096447
湖北	0.128387	0.089492	-0.013672	-0.168235
湖南	-0.200833	0.10743	0.004264	-0.265818
安徽	-0.230051	0.105642	-0.013341	-0.324517
江西	-0.037766	0.138169	-0.010431	-0.405261
内蒙古	0.045872	0.187789	-0.010993	-0.496371
陕西	0.103776			
甘宁青	-0.079116			
四川	-0.171203			
云贵	0.197146			
广西	-0.016932			
R^2	0.960615	0.921153	0.866036	0.963957
调整后的 R^2	0.95602	0.89195	0.824604	0.947322
回归标准差	0.040445	0.063541	0.078724	0.038669
F 统计值	209.0597***	31.5433***	20.9025***	57.9469***

注：*、** 和 *** 分别表示在 10%、5% 和 1% 的水平下显著，括号内为 t 值。

（二）基于多元回归结果的分析

1. 城乡二元结构分析

从全国的角度来看，城乡收入差距对人口规模体系齐普夫指数的影响不显著，但系数符号为负。说明随着收入差距的扩大，城市人口规模体系的齐普夫指数将减小。一般来说，高位序城市的生活成本要高于低位序城市，因此城乡收入差距的扩大导致更多的人口流向位序较低的中等城市。东部和中部地区城乡收入差距的系数显著为负，其中东部地区的系数为 -0.131，中部地区的系数为 -0.270，且都通过显著性检验。说明无论是东部地区还是中部地区，城乡收入差距的扩大将导致更多的人口流向位序较低的城市，且这一趋势在中部地区更加明显。西部地区的城乡收入差距对人口规模体系齐普夫指数的影响显著为正，系数为 0.146。这与西部地区的经济增长阶段有关，尽管城乡收入差距扩大，但西部地区首位城市的收入相对于低位序城市来说更高，因而吸引更多的人口流向高位序城市。

从人口城镇化率对人口规模体系齐普夫指数的影响来说，全国和东部地区的系数均为负，但没有通过显著性检验，系数分别为 -0.172 和 -0.486，这在一定程度上说明无论是全国还是东部地区，随着城镇化的推进，人口将更多地流向位序相对较低的城市。实际上，国家的城镇化政策旨在推动大中小城市均衡发展，而对于东部地区来说，实际上城镇化已经处于高级阶段，城市规模体系的结构处于成熟阶段，城市规模体系呈现扁平化趋势。人口城镇化率对中部和西部地区人口规模体系齐普夫指数的影响也没有通过显著性检验，但系数符号为正，分别为 0.150 和 0.388，即在中部和西部地区，人口城镇化率的提高将推动更多的人口流向高位序城市。实际上，从前文的分析可知，无论是中部地区还是西部地区，人口规模体系的齐普夫指数均高于东部地区。

2. 经济因素分析

从人均社会消费品零售总额对人口规模体系齐普夫指数的影响来看，全国人均社会消费品零售总额的系数为-0.019。说明人均社会消费品零售总额对人口规模体系的齐普夫指数具有负向作用，即人均社会消费品零售总额越高，高位序城市的人口将越少，这也在一定程度上说明，高位序城市的高生活成本将导致更多人口流向低位序城市。东部、中部和西部地区人均社会消费品零售总额的系数均没有通过显著性检验，系数分别为0.004、0.068和-0.044。东部和中部地区的系数为正，而西部地区的系数为负。说明东部和中部地区人均社会消费品零售总额的提高有助于扩大高位序城市的人口规模，或者说高位序城市的人均消费规模本身更大，而西部地区则相反。

非农产业产值比重对全国及东部、中部、西部地区人口规模体系齐普夫指数的影响均为负，全国及西部地区的系数分别为-0.308和-1.156，且均通过显著性检验，东部和中部地区的系数虽没有通过显著性检验但也为负。说明非农产业产值比重的上升将吸引更多的人口流向低位序城市。

产业高级化水平对全国及东部、中部、西部地区人口规模体系齐普夫指数的影响均为正，除中部地区的系数为0.093，没有通过显著性检验外，全国及东部、西部地区均通过显著性检验，系数分别为0.042、0.187和0.530。说明随着产业高级化的推进，更多的人口将流向高位序城市，事实也表明，高位序城市的第三产业产值比重明显高于低位序城市。

结合非农产业产值比重和产业高级化水平的影响来看，非农产业产值比重对人口规模体系齐普夫指数的影响为负，产业高级化水平对人口规模体系齐普夫指数的影响为正表明：第一，非农产业产值比重的上升将推动高位序城市人口规模缩小；第二，产业高级化水平的提高有助于高位序城市人口规模的扩大；第三，由于产业高级化水平是第三产业产值与第二产业产值之比，因此结合第一点和第二点可知，第二产业产值比重上升有助于高位序城市人口规模缩小，而第三产业产值比重上升则有助于高位序城市人口规模扩大。

3. 政府支出分析

从财政支出占 GDP 比重来看，全国及东部、中部地区的财政支出占 GDP 比重对人口规模体系齐普夫指数的影响为负，系数分别为-0.170、-0.715 和-0.454。但东部、中部地区的系数没有通过显著性检验。说明从全国来看，财政支出占 GDP 比重的上升有助于降低人口规模体系齐普夫指数，促进城市人口规模的扁平化。东部和中部地区财政支出占 GDP 比重的上升也对人口规模体系齐普夫指数有一定的削弱作用，促进人口分布的扁平化。西部地区的财政支出占 GDP 比重对人口规模体系齐普夫指数的影响通过显著性检验，系数为 0.448。说明西部地区财政支出占 GDP 比重的上升促进了高位序城市人口规模的扩大，或者西部地区的财政支出更多地发挥了强化高位序城市的增长极作用，从而促进了高位序城市人口规模的扩大和齐普夫指数的上升。

从财政支出对人口规模体系齐普夫指数的影响来看，全国及东部地区的财政支出系数虽然均为正，但都没有通过显著性检验。中部和西部地区的财政支出对人口规模体系齐普夫指数的影响均通过显著性检验，系数分别为-0.000147 和 5.02E-05。说明中部地区的财政支出对人口规模体系齐普夫指数有较弱的削减作用，而西部地区的财政支出对人口规模体系齐普夫指数有一定的促进作用。

4. 建成区面积分析

从建成区面积的角度来看，全国及东部、中部、西部地区的建成区面积对人口规模体系齐普夫指数的影响均通过显著性检验，但绝对值都很小。其中，全国及中部、西部地区的系数均为负，即从全国及中部、西部地区的角度来看，建成区面积越大，高位序城市的人口规模就越小，不过这种作用非常微小。三者的系数分别为

−6.27E−05、−0.001 和 −0.00034。东部地区建成区面积的系数为正，但也非常小，为0.000173，意味着东部地区的建成区面积越大，首位城市的人口规模就越大。

从建成区人口密度的角度来看，全国和中部地区建成区人口密度对人口规模体系齐普夫指数的影响为负，系数分别为−0.031 和 −0.521，意味着在全国和中部地区，建成区人口密度越高，人口规模体系齐普夫指数越小，即人口密度的提高降低了高位序城市的人口规模，人口密度的提高意味着更多的人口将流向低位序城市。东部和西部地区建成区人口密度对人口规模体系齐普夫指数的影响为正，系数分别为0.228 和 0.042，但都没有通过显著性检验，这从某种程度上来说，随着建成区人口密度的提高，东部和西部地区高位序城市的人口规模会扩张，即更多的人口会流向高位序城市。

5. 外向度分析

从实际利用外资占GDP比重的角度来看，全国及中部、西部地区实际利用外资占GDP比重对人口规模体系齐普夫指数的影响均为负，系数分别为−0.473、−0.950 和 −0.925，即实际利用外资占GDP比重越高，首位城市的人口规模越小，其意义在于上述地区实际利用外资更多地流向了低位序城市。东部地区实际利用外资占GDP比重对人口规模体系齐普夫指数的影响系数为0.538，没有通过显著性检验，但从某种意义上来说，东部地区吸引外资更多地流向了高位序城市。

从进出口总额的角度来看，全国及东部、西部地区的进出口总额对人口规模体系齐普夫指数的影响均通过显著性检验，系数分别为9.36E−06、1.50E−05 和 6.04E−05，即在上述地区，进出口总额越高，高位序城市的人口规模越大，也可以理解为上述地区的进出口企业主要集中在高位序城市。中部地区的进出口总额对人口规模体系齐普夫指数的影响为负，但没有通过显著性检验，不过也在某种程度上反映出中部地区的进出口企业主要布局在低位序城市。

6. 通达性分析

从路网密度的角度来看,全国及中部、西部地区的路网密度对人口规模体系齐普夫指数的影响均为正,系数分别为0.054、0.028、0.251,但中部地区的系数未通过显著性检验。说明随着路网密度的提升,更多的人口将流向高位序城市。东部地区的路网密度对人口规模体系齐普夫指数的影响为负,系数为-0.420。说明随着路网密度的改善,东部地区的人口流入更加趋向于均衡化,从而降低了高位序城市的人口规模。

从客运量的角度来看,全国及东部、西部地区的客运量对人口规模体系齐普夫指数的影响显著为正,系数分别为1.70E-07、1.22E-07和4.04E-07。说明随着客运量的上升,高位序城市人口规模将扩大,即更多的客运量是指向高位序城市的,但东部地区的客运量对首位城市的影响非常微小。中部地区的客运量对人口规模体系齐普夫指数的影响系数为-1.05E-06。说明随着客运量的上升,中部地区高位序城市人口规模的占比优势将有所下降,即相对更多的人口会流向低位序城市。

二 城市人口规模体系全城市指数影响因素分析

(一)人口规模体系全城市指数回归结果

利用固定效应面板模型,对省域城市人口规模体系全城市指数的影响因素进行实证分析。其中,对全国人口规模体系全城市指数影响因素的分析采取的是空间固定效应的面板分析,对东部、中部、西部地区人口规模体系全城市指数影响因素的分析采取的是时间固定效应的面板分析。表5-8反映了全国及东部、中部、西部地区人口规模体系全城市指数影响因素回归结果,从回归结果来看,4个模型的拟合优度均大于0.9,且绝大多数影响因素的t检验显著。

表5-8 全国及东部、中部、西部地区人口规模体系
全城市指数影响因素回归结果

变量	全国	东部地区	中部地区	西部地区
常数项	0.207*** (4.048)	−0.112 (−0.405)	1.433*** (3.950)	−1.355*** (−6.540)
城乡收入差距（比值）	−0.013** (−2.535)	−0.083*** (−6.617)	−0.119*** (−3.533)	0.028 (1.604)
人口城镇化率（比值）	−0.165*** (−3.146)	−0.511*** (−6.002)	0.402*** (2.805)	0.656*** (4.138)
人均社会消费品零售总额（万元）	−0.002 (−0.567)	−0.007 (−0.858)	0.073** (2.448)	−0.003 (−0.148)
人均GDP（万元）	0.003 (1.185)	0.026*** (3.443)	−0.052** (−2.105)	−0.006 (−0.351)
GDP（亿元）	1.18E−06** (2.307)	−1.68E−07 (−0.130)	3.49E−05*** (5.633)	−7.13E−06* (−1.731)
财政支出占GDP比重（比值）	0.080** (2.364)	0.655*** (3.424)	0.197 (0.451)	−0.204 (−1.370)
财政支出（亿元）	−3.89E−06** (−2.292)	−5.37E−06 (−0.895)	−0.000125*** (−3.446)	5.30E−06 (0.513)
建成区面积（平方千米）	−1.59E−05** (−2.186)	−3.41E−06 (−0.267)	−0.0003*** (−5.139)	7.20E−05* (1.974)
实际利用外资占GDP比重（比值）	−0.161*** (−5.527)	0.662*** (7.270)	−0.532*** (−3.809)	0.001 (0.015)
进出口总额（亿元）	4.26E−06*** (3.514)	5.77E−06*** (3.380)	−4.93E−05*** (−2.876)	1.95E−06 (0.132)
路网密度（千米/千米²）	0.006 (0.855)	−0.052*** (−5.990)	−0.076** (−2.240)	0.225*** (6.018)
客运量（万人）	−1.55E−10 (−0.009)	4.64E−08* (1.965)	−6.45E−07*** (−3.657)	−1.18E−07 (−1.105)
建成区人口密度（万人/千米²）	0.009 (1.060)	0.036* (1.750)	−0.264*** (−4.793)	0.071*** (4.585)
非农产业产值比重（比值）	0.125*** (2.961)	0.502* (1.739)	−0.132 (−0.603)	1.334*** (7.712)
产业高级化水平（比值）	0.019*** (3.737)	0.193*** (10.049)	0.070** (2.031)	−0.088** (−2.254)

续表

省区	空间固定效应	时间固定效应 2003～2018 年		
辽宁	-0.0289	0.0211	-0.0389	0.0787
河北	-0.0106	0.0292	-0.0387	0.0786
山东	-0.1056	0.0270	-0.0327	0.0619
江苏	-0.0607	0.0395	0.0046	0.0436
浙江	0.0351	0.0382	0.0000	0.0244
福建	-0.0295	0.0383	0.0033	0.0101
广东	-0.0511	0.0388	0.0079	-0.0129
黑龙江	0.1181	0.0307	0.0180	-0.0266
吉林	0.2016	0.0083	0.0373	-0.0278
山西	0.0375	0.0006	0.0588	-0.0327
河南	-0.0668	-0.0144	0.0154	-0.0322
湖北	0.1239	-0.0251	-0.0011	-0.0346
湖南	-0.0552	-0.0356	0.0018	-0.0346
安徽	-0.1317	-0.0544	-0.0118	-0.0373
江西	-0.0082	-0.0669	-0.0110	-0.0303
内蒙古	-0.0116	-0.0755	-0.0127	-0.0282
陕西	0.2072			
甘宁青	-0.076			
四川	-0.0231			
云贵	-0.0317			
广西	-0.0328			
R^2	0.979964	0.954359	0.91202	0.976471
调整后的 R^2	0.977626	0.937455	0.884809	0.965612
回归标准差	0.01874	0.013763	0.047327	0.021118
F 统计值	419.2305***	56.4574***	33.5172***	89.9193***

注：*、**和***分别表示在10%、5%和1%的水平下显著，括号内为 t 值。

(二) 基于多元回归结果的分析

1. 城乡二元结构分析

从城乡收入差距对人口规模体系全城市指数的影响来看，全国及东部、中部地区城乡收入差距对人口规模体系全城市指数的影响系数均为负，系数分别为-0.013、-0.083、-0.119。说明随着城乡收入差距的扩大，更多的人口将离开首位城市到低位序城市创业谋生，这在中部地区最为明显。西部地区城乡收入差距的系数为正，但没有通过显著性检验，城乡收入差距的扩大将导致更多的人口去首位城市就业。说明相对于东部和中部地区来说，西部地区首位城市的收入更高。

从人口城镇化率对人口规模体系全城市指数的影响来看，全国及东部地区的系数分别为-0.165和-0.511，且均通过显著性检验。说明随着人口城镇化率的进一步提升，全国及东部地区首位城市的人口规模将缩小。实际上，这与前文对人口规模体系齐普夫指数的影响是一致的，即东部地区的城市人口规模体系将趋向扁平化的成熟阶段，首位城市将越来越不明显，尤其是东部地区存在多个双核城市的省区，其首位城市的人口规模优势将更加不明显。中部和西部地区的人口城镇化率对人口规模体系全城市指数的影响均为正，且均通过显著性检验，系数分别为0.402和0.656。说明对于中部和西部地区来说，城镇化进程中的大城市化特征尤为明显。实际上，前文对中部和西部地区城市首位度的分析就可见这一点。

2. **经济因素分析**

从人均GDP对人口规模体系全城市指数的影响来看，全国及东部地区的系数均为正，但只有东部地区人均GDP的影响系数通过显著性检验，为0.026。说明随着人均GDP的增加，东部地区首位城市的人口规模将增加。中部和西部地区人均GDP的影响系数均为负，分别为-0.052和-0.006，但只有中部地区人均GDP的影响系数通过了显著性检验。一方面说明随着人均GDP的增加，中部和西部地区的首位城市规模将缩小；另一方面则说明中部和西部地区的人口规模体系全城市指数很大，但人均GDP与东部地区相差较大，因而导致人均GDP与全城市指数之间呈现负相关关系。

从GDP对人口规模体系全城市指数的影响来看，全国及中部地区的系数分别为1.18E-06和3.49E-05，二者均通过显著性检验。

说明随着 GDP 的增加，全国及中部地区首位城市的人口规模将增加。而东部和西部地区的 GDP 对首位城市人口规模的影响均为负，系数分别为 -1.68E-07 和 -7.13E-06，且东部地区的 GDP 系数没有通过显著性检验。其意义在于相对于东部地区体量庞大的 GDP 来说，首位城市的人口规模应该更大，但恰恰相反，东部地区的城市首位度是全国最低的。对于西部地区来说，其人口规模体系全城市指数在全国是最高的，但是其 GDP 是最低的，因而导致二者之间的关系也是一种负相关关系。

从非农产业产值比重对人口规模体系全城市指数的影响来看，全国及东部、西部地区的非农产业产值比重对首位城市人口规模的影响显著为正，系数分别为 0.125、0.502 和 1.334。说明随着非农产业产值比重的不断上升，全国及东部、西部地区首位城市的人口规模将继续扩大，且西部地区的非农产业产值比重对首位城市的推动作用最大，系数为 1.334，同时也说明西部地区的城镇化和工业化均处于加速阶段，且核心城市的增长极作用明显。中部地区的非农产业产值比重对人口规模体系全城市指数的影响系数 -0.132，未通过显著性检验，但也说明中部地区的非农产业发展会导致人口规模体系更加扁平化。

全国及东部、中部、西部地区的产业高级化水平均通过显著性检验。不同的是，全国及东部、中部地区的产业高级化水平对首位城市的影响显著为正，系数分别为 0.019、0.193 和 0.070。而西部地区的产业高级化水平对首位城市的影响为负，系数为 -0.088。说明随着产业高级化的推进，全国及东部、中部地区首位城市的人口规模将增加。西部地区产业高级化水平对人口规模体系全城市指数的影响为负，并不意味着产业高级化水平的提高导致首位城市人口规模的缩小，原因可能是西部地区极高的全城市指数需要更高的第三产业来支撑，但目前第三产业相对于第二产业的优势还不足，从而导致西部地区的产业高级化水平对人口规模体系全城市指数的影响为负。

3. 政府支出分析

从财政支出占 GDP 比重对人口规模体系全城市指数的影响来看，全国及东部、中部地区的财政支出占 GDP 比重对全城市指数有正向驱动作用，其中全国的系数为 0.080，东部地区的系数为 0.655，且均通过显著性检验，中部地区的系数没有通过显著性检验。说明财政支出占 GDP 比重的提高有助于扩大全国及东部地区首位城市的规模。西部地区的财政支出占 GDP 比重对人口规模体系全城市指数的影响为负，但没有通过显著性检验，这也恰好说明西部地区的财政支出占 GDP 比重相比其很高的全城市指数来说是极不相称的。

从财政支出来看，全国及东部、中部地区的财政支出对人口规模体系全城市指数的影响为负，其中东部地区没有通过显著性检验。说明相对于西部地区来说，东部和中部地区的财政支出更大，但是其人口规模体系全城市指数相对于西部地区来说却小得多，因而财政支出与全城市指数之间呈现一种负相关关系。西部地区的财政支出对人口规模体系全城市指数的影响虽然为正，但未通过显著性检验。

4. 建成区面积分析

从建成区面积来看，全国及东部、中部地区的建成区面积对人口规模体系全城市指数的影响系数均为负，其中全国及中部地区的系数分别为 $-1.59\text{E}-05$ 和 -0.0003，且均通过显著性检验，东部地区的系数为 $-3.41\text{E}-06$，没有通过显著性检验，即从全国及东部、中部地区来看，建成区面积越大，首位城市的人口规模越小，更多的人口将流向其他城市，其深层意义在于，从全国及东部、中部地区来看，随着土地城镇化的推进，人口城镇化的分布将更加分散。西部地区的建成区面积对人口规模体系全城市指数的影响虽然较小但为正，系数为 $7.20\text{E}-05$，且通过显著性检验。说明在西部地区，建成区面积越大，首位城市的人口规模越大，其深层意义在于，在西部地区，随着建成区面积的扩张，更多的人口将进入首位城市。

从建成区人口密度对人口规模体系全城市指数的影响来看，全国的建成区人口密度的系数为正，但比较小，且没有通过显著性检验。东部和西部地区的建成区人口密度对人口规模体系全城市指数的影响均为正，且通过显著性检验，系数分别为0.036和0.071。中部地区的建成区人口密度对人口规模体系全城市指数的影响显著为负，系数为-0.264。说明对于东部和西部地区来说，建成区人口密度越高，首位城市的人口规模越大，而中部地区则相反，即相对于中部地区来说，东部和西部地区的首位城市具有更高的人口密度，而中部地区首位城市的人口密度相对较低。

5. 外向度分析

从实际利用外资占GDP比重的角度来看，全国及东部、中部地区实际利用外资占GDP比重的系数通过了显著性检验，分别为-0.161、0.662和-0.532。从全国的角度来看，实际利用外资占GDP比重对首位城市的影响为负，说明外商投资更多地流向位序更低的城市，并带动相应的产业和人口流向位序较低的城市。东部地区外商投资更多地流向高位序城市，并通过带动效应，使人口流向高位序城市。中部地区的外商投资更多地流向低位序城市和产业，从而带动人口流向低位序城市。而西部地区实际利用外资占GDP比重对人口规模体系全城市指数的影响为正但不显著，系数仅为0.001。

从进出口总额对人口规模体系全城市指数的影响来看，全国及东部、中部地区的进出口总额对人口规模体系全城市指数的影响均通过显著性检验。全国及东部地区的影响均为正向作用，系数分别为4.26E-06和5.77E-06。中部地区的进出口总额对人口规模体系全城市指数的影响为负向作用，系数为-4.93E-05。说明相对于全国及东部地区来说，中部地区进出口企业的产业布局更多地流向低位序城市，西部地区的进出口总额对人口规模体系全城市指数的影响并不显著。

6. 通达性分析

从路网密度的角度来看，全国及西部地区的路网密度对人口规模体系全城市指数的影响为正，但只有西部地区路网密度的系数通过了显著性检验，为 0.225。说明随着路网密度的改善，首位城市的人口规模趋于增长。东部和中部地区路网密度的系数均通过显著性检验，分别为-0.052 和-0.076，这并不是说随着路网密度的改善，首位城市的人口规模缩小。其现实意义在于，相对于西部地区来说，东部和中部地区的路网密度明显高于西部地区，但是其全城市指数则明显小于西部地区，因而导致路网密度与全城市指数呈负相关关系。

从客运量的角度来看，全国及中部、西部地区的客运量对人口规模体系全城市指数的影响为负，系数分别为 - 1.55E - 10、-6.45E-07、-1.18E-07，但只有中部地区的系数通过了显著性检验，三者的影响都非常小。说明随着客运量的增加，首位城市人口的流入量将略微减小。而东部地区客运量的影响系数为 4.64E-08，说明客运量更多地流向了首位城市。

三 城市人口规模体系基尼系数影响因素分析

（一）人口规模体系基尼系数回归结果

利用固定效应面板模型，对省域城市人口规模体系基尼系数的影响因素进行实证分析。其中，对全国人口规模体系基尼系数影响因素的分析采取的是空间固定效应的面板分析，对东部、中部、西部地区人口规模体系基尼系数影响因素的分析采取的是时间固定效应的面板分析。表5-9 反映了全国及东部、中部、西部地区人口规模体系基尼系数影响因素回归结果，从回归结果来看，4 个模型的拟合优度均比较显著，其中全国及东部、西部地区的拟合优度大于 0.9，中部地区的拟合优度大于 0.8，且绝大多数影响因素的 t 检验显著。

表 5-9　全国及东部、中部、西部地区人口规模体系基尼系数影响因素回归结果

变量	全国	东部地区	中部地区	西部地区
常数项	0.439 *** (9.642)	0.852 (1.642)	1.211 *** (4.227)	-0.049 (-0.372)
城乡收入差距（比值）	-0.003 (-0.736)	-0.061 *** (-2.828)	-0.078 *** (-2.927)	0.039 *** (3.296)
人口城镇化率（比值）	-0.086 (-1.534)	-0.183 (-1.129)	0.117 (1.013)	0.015 (0.135)
人均社会消费品零售总额（万元）	-0.006 * (-1.798)	0.003 (0.260)	0.045 * (1.917)	-0.024 (-1.476)
人均GDP（万元）	0.010 *** (3.671)	0.014 (1.093)	-0.025 (-1.246)	0.024 ** (2.067)
GDP（亿元）	-8.38E-07 ** (-2.177)	-4.16E-06 * (-1.979)	1.49E-05 *** (3.032)	-1.78E-07 (-0.070)
财政支出占GDP比重（比值）	-0.067 *** (-2.842)	0.106 (0.317)	-0.129 (-0.384)	0.037 (0.371)
财政支出（亿元）	1.62E-06 (0.984)	-9.55E-07 (-0.096)	-5.36E-05 * (-1.854)	1.25E-05 * (1.881)
建成区面积（平方千米）	-9.65E-06 (-1.268)	7.87E-05 *** (3.707)	0.000134 *** (-2.894)	-6.07E-05 *** (-2.685)
实际利用外资占GDP比重（比值）	-0.167 *** (-6.055)	0.479 *** (2.992)	-0.432 *** (-3.917)	-0.200 *** (-6.629)
进出口总额（亿元）	6.63E-06 *** (4.329)	9.43E-06 *** (2.733)	-2.41E-05 * (-1.752)	5.00E-06 (0.536)
路网密度（千米/千米²）	0.013 * (1.680)	-0.176 *** (-11.142)	0.019 (0.702)	0.125 *** (5.091)
客运量（万人）	5.68E-08 *** (2.916)	5.73E-08 (1.585)	-5.60E-07 *** (-3.970)	1.39E-08 (0.193)
建成区人口密度（万人/千米²）	-0.007 (-0.966)	0.047 (1.349)	-0.174 *** (-4.035)	0.013 (1.272)
非农产业产值比重（比值）	-0.061 (-1.579)	-0.486 (-0.904)	-0.222 (-1.283)	0.144 (1.262)
产业高级化水平（比值）	0.024 *** (5.419)	0.143 *** (4.310)	0.050 (1.849)	0.051 ** (2.051)

续表

省区	空间固定效应	时间固定效应		
		2003~2018 年		
辽宁	0.0294	−0.0834	0.0012	0.0604
河北	0.0044	−0.0856	0.0002	0.0523
山东	−0.0791	−0.0880	0.0064	0.0486
江苏	−0.0973	−0.0191	0.0198	0.0487
浙江	−0.0097	−0.0128	0.0120	0.0355
福建	−0.0263	0.0039	0.0115	0.0196
广东	0.0767	0.0233	0.0148	0.0049
黑龙江	0.0496	0.0178	0.0161	−0.0007
吉林	0.0931	0.0162	0.0255	−0.0127
山西	0.0059	0.0222	0.0351	−0.0219
河南	−0.0229	0.0308	−0.0012	−0.0186
湖北	0.0834	0.0258	−0.0132	−0.0251
湖南	−0.0761	0.0317	−0.0212	−0.0400
安徽	−0.0792	0.0232	−0.0350	−0.0432
江西	−0.0286	0.0360	−0.0358	−0.0484
内蒙古	−0.0217	0.0579	−0.0362	−0.0593
陕西	0.0942			
甘宁青	−0.0075			
四川	−0.0393			
云贵	0.0574			
广西	−0.0063			
R^2	0.96034	0.941375	0.847453	0.956871
调整后的 R^2	0.955713	0.919662	0.800273	0.936965
回归标准差	0.017254	0.025577	0.03701	0.014432
F 统计值	207.5511***	43.3554***	17.9622***	48.069***

注: *、** 和 *** 分别表示在 10%、5% 和 1% 的水平下显著,括号内为 t 值。

（二）基于多元回归结果的分析

1. 城乡二元结构分析

从城乡收入差距的角度来看，随着城乡收入差距的扩大，全国及东部、中部地区的人口规模体系基尼系数会下降，三者的系数分别为-0.003、-0.061和-0.078，即随着城乡收入差距的扩大，人口会更为均衡地分布在各等级位序的城市中。西部地区收入差距的扩大对人口规模体系基尼系数的影响为正，系数为0.039，且通过了显著性检验，说明西部地区在收入差距扩大后，人口的分布更为不均衡。

从人口城镇化率的角度来看，全国及东部、中部、西部地区人口城镇化率对人口规模体系基尼系数的影响均未通过显著性检验。但全国及东部地区的系数为负，分别为-0.086和-0.183；中部和西部地区的系数为正，分别为0.117和0.015。说明从全国及东部地区的角度来看，随着人口城镇化率的上升，人口规模的分布更为均衡，而中部和西部地区则相反。实际上，无论是基尼系数还是HH指数，抑或是离散系数，中部和西部地区的这些非均衡指标均高于东部地区，因此人口城镇化进程在东部地区是更为均衡化的过程，而在中部和西部地区则为集中化的过程或者非均衡性更高的过程。

2. 经济因素分析

从人均社会消费品零售总额的角度来看，全国及西部地区人均社会消费品零售总额对人口规模体系基尼系数的影响为负，系数分别为-0.006和-0.024，原因是全国及西部地区人口规模体系基尼系数大，但是人均社会消费品零售总额小，从而导致二者呈负相关关系。东部和中部地区人均社会消费品零售总额对人口规模体系基尼系数的影响为正，系数分别为0.003和0.045，说明在东部和中部地区，人均社会消费品零售总额的增加引致人口流动更为集中分布，从而提高了人口规模体系基尼系数。

从人均 GDP 的角度来看，全国及东部、西部地区人均 GDP 对人口规模体系基尼系数的影响均为正，系数分别为 0.010、0.014 和 0.024，但东部地区的系数未通过显著性检验。说明从全国及东部、西部地区的角度来看，人均 GDP 的增长导致人口流动更为集中，从而提高了人口规模体系基尼系数。中部地区人均 GDP 对人口规模体系基尼系数的影响为负，系数为 -0.025，即在中部地区，随着人均 GDP 的增长，人口将更为均衡地分布在各类城市中，从而降低了人口规模体系基尼系数。

从 GDP 的角度来看，全国及东部、西部地区 GDP 对人口规模体系基尼系数的影响均为负，系数分别为 $-8.38E-07$、$-4.16E-06$ 和 $-1.78E-07$，即随着经济的不断发展，人口规模体系最终将趋向均衡化。中部地区 GDP 对人口规模体系基尼系数的影响系数为 $1.49E-05$，即在中部地区，随着经济的增长，人口规模的分布将越来越不均衡，从而提高了人口规模体系基尼系数。

从非农产业产值比重的角度来看，全国及东部、中部、西部地区的非农产业产值比重对人口规模体系基尼系数影响的系数均未通过显著性检验。全国及东部、中部地区的系数为负，分别为 -0.061、-0.486 和 -0.222，即上述三个地区非农产业产值比重的上升促进了人口规模分布的均衡化。也就是说，随着第二产业和第三产业产值比重的不断上升，工业布局、城镇布局更加多元且分散，从而促进了人口规模体系基尼系数的下降。而西部地区的系数为 0.144，意味着非农产业还处在极化增长阶段，即非农产业的布局更为集中，从而带动人口分布的非均衡化和人口规模体系基尼系数的上升。

从产业高级化水平的角度来看，全国及东部、中部、西部地区产业高级化水平对人口规模体系基尼系数的影响均为正，但中部地区的系数未通过显著性检验。说明随着产业高级化的推进，人口在各类城市中的分布更为不均衡。而且东部地区的作用最大，系数为

0.143；西部地区的作用次之，系数为 0.051；全国的作用最小，系数为 0.204。

3. 政府支出分析

从财政支出占 GDP 比重的角度来看，全国及中部地区财政支出占 GDP 比重对人口规模体系基尼系数的影响为负，系数分别为 -0.067 和 -0.129，中部地区的系数未通过显著性检验。说明从全国及中部地区的角度来看，财政支出占 GDP 比重的提高有助于降低人口规模体系的基尼系数。东部和西部地区财政支出占 GDP 比重对人口规模体系基尼系数的影响均为正，但未通过显著性检验，说明这两个地区财政支出占 GDP 比重的提高加剧了人口规模在各类城市间分布的非均衡程度。

从财政支出来看，全国及西部地区的财政支出对人口规模体系基尼系数的影响为正，系数分别为 1.62E-06 和 1.25E-05；而东部、中部地区的系数为负，分别为 -9.55E-07 和 -5.36E-05。由此可见，财政支出对各地区人口规模体系基尼系数的影响都非常微小。

4. 建成区面积分析

从建成区面积的角度来看，全国及西部地区建成区面积对人口规模体系基尼系数具有负向作用，二者的系数分别为 -9.65E-06 和 -6.07E-05，即建成区面积的扩大降低了人口规模体系基尼系数，或者说土地城镇化的进程缩小了人口规模在各个城市之间的差异。东部和中部地区建成区面积对人口规模体系基尼系数的影响则为正，系数分别为 7.87E-05 和 0.000134，说明在东部和中部地区，土地城镇化的进程扩大了人口规模在各个城市之间的差异，但效果甚微。

从建成区人口密度的角度来看，全国及中部地区建成区人口密度对人口规模体系基尼系数的影响为负向作用，系数分别为 -0.007 和 -0.174，但全国的系数未通过显著性检验。中部地区建成区人口密度的上升有助于降低人口规模体系基尼系数，说明随着建成区人口密度的上升,人口更为均衡地分布在各类城市中,从而降低了人口规模体系基尼系数。东部和西部地区建成区人口密度对人口规模体系基尼系数的影响均为正,系数分别为 0.047 和 0.013,均未通过显著性检验,但也说明东部和西部地区建成区人口密度的上升提高了人口规模体系基尼系数。

5. 外向度分析

从实际利用外资占 GDP 比重的角度来看,全国及东部、中部、西部地区实际利用外资占 GDP 比重对人口规模体系基尼系数的影响均通过显著性检验。所不同的是,全国及中部、西部地区的系数为负,分别为 -0.167、-0.432 和 -0.200;东部地区的系数为正,为 0.479。从实际利用外资占 GDP 比重在全国及中部、西部地区的情况来看,外资的投向更为均衡,从而带动了城市人口的均衡分布,而东部地区则相反。

从进出口总额的角度来看,全国及东部、西部地区进出口总额对人口规模体系基尼系数的影响为正,系数分别为 6.63E-06、9.43E-06 和 5.00E-06,但西部地区的系数未通过显著性检验。说明全国及东部地区进出口企业的布局更为不均衡,从而导致城市人口分布不均衡。相对来说,中部地区进出口总额对人口规模体系基尼系数的影响为负,即中部地区进出口企业更为均衡地布局在各类城市中,从而降低了人口规模体系基尼系数。

6. 通达性分析

从路网密度的角度来看,全国及中部、西部地区路网密度对人口规模体系基尼系数的影响均为正,系数分别为 0.013、0.019 和 0.125,但中部地区的系数未通过显著性检验。说明全国及西部地区的路网密度导致人口的流动更为非均衡。东部地区路网密度对人口规模体系基尼系数的影响为负,系数为 -0.176,即东部地区路网密度的改善促进了人口分布的均衡化。

从客运量的角度来看,全国及东部、西部地区客运量对人口规模体系基尼系数的影响为正，系数分别为 5.68E-08、5.73E-08 和 1.39E-08，说明上述地区客运量的分布差异变化很大，导致城市人口规模体系基尼系数上升。中部地区客运量对人口规模体系基尼系数的影响为负，系数为 -5.60E-07，说明中部地区客运量较为均衡地分布在各个城市中，从而促进了城市人口规模体系基尼系数的下降。

第三节　中国省域城市土地规模体系的影响因素分析

一　城市土地规模体系齐普夫指数影响因素分析

（一）土地规模体系齐普夫指数回归结果

利用固定效应面板模型，对省域城市土地规模体系齐普夫指数的影响因素进行实证分析。其中，对全国土地规模体系齐普夫指数影响因素的分析采取的是空间固定效应的面板分析，对东部、中部、西部地区土地规模体系齐普夫指数影响因素的分析采取的是时间固定效应的面板分析。表 5-10 反映了全国及东部、中部、西部地区土地规模体系齐普夫指数影响因素回归结果，从回归结果来看，4 个模型的拟合优度均大于 0.9，且绝大多数影响因素的 t 检验显著。

表 5-10　全国及东部、中部、西部地区土地规模体系
齐普夫指数影响因素回归结果

变量	全国	东部地区	中部地区	西部地区
常数项	1.565***	3.181**	0.250	1.381**
	(7.895)	(2.629)	(0.513)	(2.337)
城乡收入差距（比值）	0.028	0.089*	0.101**	0.118*
	(1.141)	(1.817)	(2.315)	(1.863)

续表

变量	全国	东部地区	中部地区	西部地区
人口城镇化率(比值)	−1.274*** (−6.548)	1.618*** (4.320)	0.314* (1.832)	−1.032** (−2.154)
人均社会消费品零售总额(万元)	0.014 (0.908)	0.017 (0.664)	0.046 (1.320)	−0.062 (−1.061)
人均GDP(万元)	0.018 (1.422)	0.057** (2.170)	0.018 (0.577)	0.159*** (3.506)
GDP(亿元)	−2.80E−06 (−1.458)	−3.05E−05*** (−8.181)	3.97E−05*** (5.900)	1.84E−05** (2.071)
财政支出占GDP比重(比值)	−0.186 (−1.362)	−6.029*** (−8.373)	1.996*** (3.462)	0.981*** (2.690)
财政支出(亿元)	2.40E−05*** (2.793)	0.0002*** (9.567)	0.00016*** (−4.093)	−1.02E−05 (−0.411)
建成区面积(平方千米)	−0.0001*** (−2.860)	3.60E−05 (0.754)	−0.00015* (−1.974)	−0.00026*** (−3.321)
实际利用外资占GDP比重(比值)	−0.141 (−1.444)	−0.238 (−0.639)	−0.179 (−1.056)	−0.876*** (−6.032)
进出口总额(亿元)	1.37E−05*** (2.888)	3.31E−05*** (3.994)	−1.14E−05 (−0.501)	−1.35E−05 (−0.373)
路网密度(千米/千米^2)	0.184*** (7.043)	−0.307*** (−7.701)	−0.236*** (−5.841)	0.568*** (6.210)
客运量(万人)	5.79E−08 (0.986)	−8.37E−08 (−0.914)	−5.10E−07** (−2.229)	4.25E−07 (1.145)
建成区人口密度(万人/千米^2)	−0.139*** (−3.261)	0.081 (1.060)	−0.355*** (−4.742)	−0.132*** (−3.136)
非农产业产值比重(比值)	−0.009 (−0.054)	−2.831** (−2.233)	0.705*** (2.745)	−1.667*** (−3.395)
产业高级化水平(比值)	0.048** (2.171)	−0.132* (−1.888)	0.115*** (2.709)	0.520*** (4.981)

续表

省区	空间固定效应	时间固定效应 2003~2018 年		
辽宁	0.0522	−0.2236	0.0613	0.3721
河北	−0.2510	−0.2233	0.0636	0.3213
山东	−0.2223	−0.1874	0.0053	0.3948
江苏	−0.0225	−0.0866	0.0511	0.3685
浙江	0.1190	−0.0292	0.0600	0.2617
福建	0.3242	−0.0099	0.0492	0.1968
广东	0.5802	0.1010	0.0376	0.1083
黑龙江	0.2730	0.0741	0.0097	0.0423
吉林	0.2591	0.0705	0.0032	−0.0234
山西	−0.0533	0.0718	0.0096	−0.1153
河南	−0.3519	0.0857	−0.0225	−0.1517
湖北	−0.0818	0.1043	−0.0163	−0.1928
湖南	−0.2030	0.0727	−0.0177	−0.2805
安徽	−0.3409	0.0626	−0.0695	−0.3541
江西	−0.2205	0.0530	−0.1000	−0.4260
内蒙古	0.0449	0.0643	−0.1247	−0.5220
陕西	0.1012			
甘宁青	−0.0780			
四川	−0.0561			
云贵	0.1585			
广西	−0.0310			
R^2	0.926534	0.971322	0.951709	0.911885
调整后的 R^2	0.917963	0.960701	0.936773	0.871217
回归标准差	0.058598	0.056589	0.055168	0.076684
F 统计值	108.1012[***]	91.4491[***]	63.7213[***]	22.4225[***]

注：*、** 和 *** 分别表示在 10%、5% 和 1% 的水平下显著，括号内为 t 值。

（二）基于多元回归结果的分析

1. 城乡二元结构分析

从城乡收入差距的角度来看，全国及东部、中部、西部地区城乡收入差距对土地规模体系齐普夫指数的影响均为正，且东部、中部、西部地区的系数均通过显著性检验，分别为 0.089、0.101 和 0.118。说明城乡收入差距的扩大提升了高位序城市的土地规模，且提升的程度自东向西递增。

从人口城镇化率的角度来看，全国及东部、中部、西部地区的人口城镇化率对土地规模体系齐普夫指数的影响均通过了显著性检验。不同的是，全国及西部地区的人口城镇化率对土地规模体系齐普夫指数的影响为负，系数分别为 -1.274 和 -1.032。其意义在于全国及西部地区的人口城镇化滞后，但土地城镇化超前，从而导致人口城镇化率与土地规模体系齐普夫指数呈现负相关关系。东部和中部地区的人口城镇化率对土地规模体系齐普夫指数的影响为正，系数分别为 1.618 和 0.314，说明相对于全国及西部地区来说，东部和中部地区人口城镇化率的提高有助于土地向高位序城市集中。

2. 经济因素分析

从人均社会消费品零售总额的角度来看，全国及东部、中部、西部地区人均社会消费品零售总额对土地规模体系齐普夫指数的影响均未通过显著性检验。但全国及东部、中部地区的系数为正，分别为 0.014、0.017 和 0.046。说明在这三个区域，社会消费能力的上升主要集中在高位序城市，并带动高位序城市的房地产和娱乐消费用地增长。而西部地区人均社会消费品零售总额对土地规模体系齐普夫指数的影响系数为 -0.062，说明西部地区人均社会消费品零售总额对高位序城市的土地规模具有削弱作用。

从人均 GDP 的角度来看，全国及东部、中部、西部地区人均 GDP 对土地规模体系齐普夫指数的影响均为正，系数分别为 0.018、

0.057、0.018 和 0.159，但全国及中部地区的系数未通过显著性检验。从总体上看，随着人均 GDP 的增长，高位序城市的土地规模会相应增长，且西部地区最为明显。

从 GDP 的角度来看，全国 GDP 对土地规模体系齐普夫指数的影响为负，但未通过显著性检验。东部、中部、西部地区 GDP 对土地规模体系齐普夫指数的影响均通过显著性检验，但东部地区的系数为 -3.05E-05，原因是东部地区的 GDP 明显大于中部和西部地区，但其齐普夫指数与中部和西部地区的齐普夫指数比较接近，从而导致其 GDP 与土地规模体系齐普夫指数呈现负相关关系。中部和西部地区的 GDP 对土地规模体系齐普夫指数的影响均为正，系数分别为 3.97E-05 和 1.84E-05，说明中部和西部地区 GDP 的增长促进了高位序城市土地规模的扩大。

从非农产业产值比重对土地规模体系齐普夫指数的影响来看，全国非农产业产值比重对土地规模体系齐普夫指数的影响系数为 -0.009，但未通过显著性检验。东部、中部、西部地区非农产业产值比重对土地规模体系齐普夫指数的影响均通过显著性检验。其中，东部和西部地区的系数分别为 -2.831 和 -1.667，即在东部和西部地区，随着非农产业产值比重的上升，高位序城市的土地规模会下降，土地规模的城市分布会更均衡；中部地区的非农产业产值比重对土地规模体系齐普夫指数的影响系数为 0.705，即随着非农产业产值比重的上升，中部地区高位序城市的土地规模会扩张。

从产业高级化水平的角度来看，全国及东部、中部、西部地区产业高级化水平对土地规模体系齐普夫指数的影响均通过显著性检验，除东部地区的系数为负外，其余均为正，系数分别为 0.048、-0.132、0.115 和 0.520。东部地区产业高级化意味着，一方面，第三产业相对于第二产业来说对土地的需求更小，因此产业高级化总体上有助于降低土地需求。另一方面，相对于中部和西部地区来说，东部地区高位序城市的第三产业更为发达。全国及中部、西部地区产业高级化水平对土地规模体系齐普夫指数的影响为正，意味着第三产业产值相对于第二产业产值比重的提高扩大了高位序城市的土地规模。

3. 政府支出分析

从财政支出占 GDP 比重的角度来看，全国财政支出占 GDP 比重对土地规模体系齐普夫指数的影响为负，但未通过显著性检验。东部、中部、西部地区财政支出占 GDP 比重对土地规模体系齐普夫指数的影响均通过了显著性检验，但东部地区的系数为负，为 -6.029，说明东部地区财政支出占 GDP 比重的提高对降低土地规模体系齐普夫指数的作用十分明显，可能的原因是东部、中部、西部地区土地规模体系的齐普夫指数相差不大，但东部地区财政支出占 GDP 比重明显偏小，因此导致二者呈现十分明显的负相关关系。而中部和西部地区的系数则为正，分别为 1.996 和 0.981，即中部和西部地区财政支出占 GDP 比重的上升促进了土地规模体系齐普夫指数的上升，可能的原因是在中部和西部地区财政支出中，高位序城市的支出占了很大的比重，从而促进了高位序城市土地规模的扩张和土地规模体系齐普夫指数的上升。

从财政支出的角度来看，全国及东部、中部地区的财政支出对土地规模体系齐普夫指数的影响均为正，且通过显著性检验，但都非常微小，系数分别为 $2.40\mathrm{E}{-}05$、0.0002 和 0.00016，说明全国及东部、中部地区的财政支出对土地规模体系齐普夫指数具有微小的推动作用。西部地区的财政支出对土地规模体系齐普夫指数的影响系数为 $-1.02\mathrm{E}{-}05$，且没有通过显著性检验，说明西部地区的财政支出对土地规模体系齐普夫指数具有微小的削弱作用。

4. 建成区面积分析

从建成区面积的角度来看，全国及中部、西部地区建成区面积对土地规模体系齐普夫指数的影响虽然很小，但都为负，且通过显著性检验，系数分别为 -0.0001、-0.00015 和 -0.00026。说明在上述三个地区，随着建成区面积的扩大，土地规模体系齐普夫指数变小，即较大的建成区面积有助于城镇建设用地的广泛选择，从而降低高位序城市的用地规模。东部地区建成区面积对土地规模体系齐普夫指数的影响没有通过显著性检验，系数为3.60E-05，说明该地区的建成区面积越大，土地规模体系齐普夫指数也越大，从而导致高位序城市的用地面积越大。

从建成区人口密度的角度来看，全国及中部、西部地区的建成区人口密度对土地规模体系齐普夫指数的影响均为负，且通过显著性检验，系数分别为-0.139、-0.355和-0.132，说明在上述三个地区，建成区人口密度越高，高位序城市的土地规模越小，实际上意味着高位序城市的人口更为密集。从前文的分析可见，中部和西部地区城市的人口首位度普遍较高。东部地区建成区人口密度对土地规模体系齐普夫指数的影响为正，系数为0.081，但未通过显著性检验。说明在东部地区，建成区人口密度的上升意味着高位序城市土地规模的扩大，从而降低了高位序城市的人口密度。实际上，与中部和西部地区相比，东部地区首位城市的人口首位度要低得多。

5. 外向度分析

从实际利用外资占GDP比重的角度来看，全国及东部、中部、西部地区实际利用外资占GDP比重对土地规模体系齐普夫指数的影响均为负，且只有西部地区的系数通过显著性检验，系数分别为-0.141、-0.238、-0.179和-0.876。这说明，整体来看，实际利用外资占GDP比重的上升有助于推动土地规模体系齐普夫指数的下降，或者说实际利用外资占GDP比重的上升将推动建设用地的均衡化分布，从而降低高位序城市的土地规模。

从进出口总额对土地规模体系齐普夫指数的影响来看，全国及东部地区进出口总额对土地规模体系齐普夫指数的影响均为正，且均通过显著性检验，系数分别为1.37E-05和3.31E-05，说明全国及东部地区的进出口企业更多地布局在高位序城市。中部和西部地区进出口总额对土地规模体系齐普夫指数的影响均为负，系数分别为-1.14E-05 和-1.35E-05,但均未通过显著性检验,说明中西部地区的进出口企业和产业更多地布局在低位序城市。

6. 通达性分析

从路网密度的角度来看,全国及东部、中部、西部地区路网密度对土地规模体系齐普夫指数的影响均通过显著性检验,其中全国及西部地区路网密度对土地规模体系齐普夫指数的影响均为正,系数分别为0.184 和0.568,说明随着路网密度的改善,更多的资源、产业和人口流向高位序城市,从而导致全国及西部地区土地规模体系的齐普夫指数相应上升。东部和中部地区路网密度对土地规模体系齐普夫指数的影响系数分别为-0.307 和-0.236,即在东部和中部地区,随着路网密度的改善,土地规模体系的齐普夫指数会下降。也就是说,路网密度的改善引致资源、产业和人口的均衡化流动,从而引致高位序城市的建设用地规模缩小。

从客运量的角度来看,全国及东部、中部、西部地区客运量对土地规模体系齐普夫指数的影响与路网密度对其影响的符号一致,原因类似于路网密度对土地规模体系齐普夫指数的影响,但都比较小,且只有中部地区的系数通过显著性检验,全国及东部、中部、西部地区的系数分别为5.79E-08、-8.37E-08、5.10E-07 和4.25E-07。

二 城市土地规模体系全城市指数影响因素分析

(一) 土地规模体系全城市指数回归结果

利用固定效应面板模型,对省域城市土地规模体系全城市指数的影响因素进行实证分析。其中,对全国土地规模体系全城市指数影响因素的分析采取的是空间固定效应的面板分析,对东部、中部、西部地区土地规模体系全城市指数影响因素的分析采取的是时间固定效应的面板分析。表5-11反映了全国及东部、中部、西部地区土地规模体系全城市指数影响因素回归结果,从回归结果来看，4 个模型的拟合优度均大于 0.85，且绝大多数影响因素的 t 检验显著。

表 5-11　全国及东部、中部、西部地区土地规模体系
全城市指数影响因素回归结果

变量	全国	东部地区	中部地区	西部地区
常数项	0.375 *** (4.159)	1.246 *** (2.645)	0.537 * (1.749)	-0.595 * (-1.809)
城乡收入差距（比值）	-0.034 *** (-3.706)	-0.106 *** (-5.088)	-0.087 *** (-3.361)	-0.060 ** (-2.001)
人口城镇化率（比值）	-0.674 *** (-7.167)	0.248 * (1.709)	0.041 (0.378)	-0.528 * (-1.895)
人均社会消费品零售总额（万元）	0.014 ** (2.580)	0.010 (0.886)	0.030 (1.324)	0.000305 (0.008)
人均 GDP（万元）	0.004 (0.796)	-0.001 (-0.099)	0.009 (0.464)	0.065 ** (2.477)
GDP（亿元）	-1.46E-06 * (-1.806)	-1.88E-06 (-1.099)	2.25E-05 *** (5.184)	-5.36E-06 (-0.907)
财政支出占 GDP 比重（比值）	0.041 (0.565)	-0.812 *** (-2.715)	0.639 * (1.743)	-0.128 (-0.521)
财政支出（亿元）	4.75E-06 (1.272)	1.82E-05 ** (2.196)	0.0001 *** (-3.983)	5.60E-06 (0.373)
建成区面积（平方千米）	-2.82E-05 ** (-2.339)	-3.39E-05 * (-1.872)	0.0002 *** (-4.084)	3.03E-05 (0.571)
实际利用外资占 GDP 比重（比值）	-0.170 *** (-2.732)	-0.266 * (-1.938)	-0.184 (-1.639)	-0.253 *** (-3.397)
进出口总额（亿元）	6.38E-06 *** (3.065)	1.51E-05 *** (5.089)	-5.03E-05 *** (-3.842)	-1.56E-05 (-0.735)
路网密度（千米/千米²）	0.115 *** (7.155)	-0.050 *** (-3.330)	0.005 (0.207)	0.252 *** (4.119)
客运量（万人）	8.24E-08 *** (2.891)	8.77E-08 ** (2.547)	-2.60E-07 * (-1.775)	1.50E-07 (0.829)
建成区人口密度（万人/千米²）	-0.024 * (-1.756)	-0.006 (-0.188)	-0.203 *** (-4.070)	0.078 *** (3.007)
非农产业产值比重（比值）	0.281 *** (3.060)	-0.831 * (-1.697)	0.480 *** (3.030)	0.955 *** (3.155)
产业高级化水平（比值）	0.025 ** (2.260)	0.041 (1.428)	0.075 *** (2.993)	0.142 ** (2.228)

续表

省区	空间固定效应	时间固定效应 2003~2018 年		
辽宁	-0.0132	-0.0520	-0.0021	0.1259
河北	-0.1298	-0.0583	-0.0098	0.1241
山东	-0.1686	-0.0451	-0.0033	0.1588
江苏	-0.0347	-0.0116	0.0126	0.1070
浙江	-0.0038	0.0043	0.0159	0.1083
福建	0.0281	0.0087	0.0181	0.0784
广东	0.0553	0.0416	0.0015	0.0436
黑龙江	0.0748	0.0215	0.0180	0.0207
吉林	0.1788	0.0058	0.0309	0.0027
山西	0.0397	0.0116	0.0350	-0.0304
河南	-0.1507	0.0107	0.0062	-0.0584
湖北	0.0542	0.0057	-0.0157	-0.0886
湖南	-0.0672	0.0099	-0.0114	-0.1147
安徽	-0.1643	0.0177	-0.0237	-0.1355
江西	-0.0474	0.0129	-0.0332	-0.1587
内蒙古	0.0674	0.0165	-0.0387	-0.1833
陕西	0.1799			
甘宁青	-0.0453			
四川	0.0861			
云贵	0.0557			
广西	0.0050			
R²	0.897342	0.922102	0.921871	0.934098
调整后的 R²	0.885365	0.893251	0.897708	0.903681
回归标准差	0.030393	0.021467	0.04265	0.038232
F 统计值	74.9233***	31.9608***	38.1513***	30.71023***

注：*、**和***分别表示在10%、5%和1%的水平下显著，括号内为 t 值。

（二）基于多元回归结果的分析

1. 城乡二元结构分析

从城乡收入差距的角度来看，全国及东部、中部、西部地区城乡收入差距对土地规模体系全城市指数的影响均为负，且均通过显著性检验，系数分别为-0.034、-0.106、-0.087和-0.060。说明无论是从全国来看还是从东部、中部、西部地区来看，城乡收入差距的扩大均有利于降低首位城市的全城市指数。原因是随着城乡收入差距的扩大，国家会加大对中小城市的产业扶持与用地优惠力度，从而会间接降低首位城市的全城市指数，而且降幅从东到西递减。

从人口城镇化率的角度来看，人口城镇化率对全国及西部地区土地规模体系全城市指数的影响均为负，且都通过显著性检验，系数分别为-0.674和-0.528，但这并不是说城镇化的推进导致首位城市的全城市指数下降，这恰好说明全国及西部地区的人口城镇化率滞后于全城市指数，从而导致二者呈现负相关关系。东部和中部地区的人口城镇化率对土地规模体系全城市指数的影响均为正，系数分别为0.248和0.041，其中中部地区的系数没有通过显著性检验。说明相对于西部地区而言，东部和中部地区人口城镇化率的提高有助于扩大首位城市的土地规模。

2. 经济因素分析

从人均社会消费品零售总额的角度来看，全国及东部、中部、西部地区的人均社会消费品零售总额对土地规模体系全城市指数的影响普遍较小，但均为正，且只有全国的系数通过显著性检验。这从某种意义上来说，社会消费能力的上升主要集中在首位城市，从而带动首位城市的房地产和娱乐消费用地及城市配套建设用地的增长。

从人均GDP的角度来看，全国及中部、西部地区人均GDP对土地规模体系全城市指数的影响为正，系数分别为0.004、0.009和0.065，只有西部地区的系数通过显著性检验，但数值较小。说明全国及中部地区人均 GDP 对首位城市的全城市指数影响不明显，而西部地区人均 GDP 对首位城市的全城市指数有微小的正向影响。东部地区人均 GDP 对土地规模体系全城市指数的影响为负，系数很小，且未通过显著性检验。

从 GDP 的角度来看，全国及东部、西部地区 GDP 对土地规模体系全城市指数的影响均为负，但东部、西部地区的系数未通过显著性检验。说明随着经济总体规模的逐渐扩大，产业布局更多在区域内其他城市展开，因而首位城市的土地规模优势逐渐减弱。中部地区 GDP 对土地规模体系全城市指数的影响为正，意味着经济总体规模的扩大有助于首位城市土地规模的扩大。

从非农产业产值比重的角度来看，全国及中部、西部地区非农产业产值比重对土地规模体系全城市指数的影响均显著为正，系数分别为 0.281、0.480 和 0.955，即非农产业的发展更加集聚于首位城市，从而推动首位城市土地规模的扩张。东部地区非农产业产值比重对土地规模体系全城市指数的影响显著为负，意味着东部地区的非农产业布局更多地集中在低位序城市，从而降低了首位城市的土地规模。

从产业高级化水平的角度来看，全国及东部、中部、西部地区产业高级化水平对土地规模体系全城市指数的影响均为正，系数分别为 0.025、0.041、0.075 和 0.142，但东部地区的系数未通过显著性检验。说明产业高级化水平的提高会扩大首位城市的用地规模，因为随着社会分工的进一步发展，第三产业属性也从传统的生活型服务业扩展为生活型服务业和生产型服务业并重且生产型服务业比重进一步上升的情形。相对于生活型服务业而言，生产型服务业对土地的需求更大，集聚效应更明显，而首位城市的强集聚效应实际上也促进了生产型服务业的发展，从而带动了土地规模的扩张。

3. 政府支出分析

从财政支出占 GDP 比重的角度来看，东部和西部地区财政支出

占 GDP 比重对土地规模体系全城市指数的影响为负，系数分别为
-0.812和-0.128，但西部地区的系数没有通过显著性检验。说明在
东部和西部地区，财政支出占 GDP 比重越高，首位城市的土地规模
越小。全国及中部地区财政支出占 GDP 比重对土地规模体系全城市
指数的影响系数分别为 0.041 和 0.639，但全国的系数没有通过显著
性检验。说明中部地区财政支出占 GDP 比重的上升有助于扩大首位
城市的土地规模。

从财政支出来看，全国及东部、中部、西部地区财政支出对土
地规模体系全城市指数的影响均为正，虽然数值都非常小，但也可
以在一定程度上说明财政支出的增长将推动高位序城市的土地规模
扩张。

4. 建成区面积分析

从建成区面积的角度来看，全国及东部地区建成区面积对土地
规模体系全城市指数的影响显著为负，系数分别为-2.82E-05 和
-3.39E-05。说明在全国及东部地区，土地城镇化进程会促进建成
区面积分布的扁平化。中部及西部地区建成区面积对土地规模体系
全城市指数的影响均为正，系数分别为 0.0002 和 3.03E-05，但只
有中部地区的系数通过显著性检验。说明在中部和西部地区，建成
区面积越大，全城市指数越大，即对于中部和西部地区来说，土地
城镇化推动更多的城市建设用地向首位城市集中。

从建成区人口密度的角度来看，全国及东部、中部地区人口密
度对土地规模体系全城市指数的影响均为负，但东部地区的系数未
通过显著性检验，系数分别为-0.024、-0.006 和-0.203，说明这些
地区的人口密度越高，全城市指数越小，即首位城市的土地规模越
小，其用地集约水平越高。西部地区建成区人口密度的系数为
0.078，且通过显著性检验，说明在西部地区建成区人口密度越高，
首位城市的全城市指数越大，首位城市的用地规模也越大，这从另
一方面说明西部地区首位城市的土地集约利用水平较低。

5. 外向度分析

从实际利用外资占 GDP 比重的角度来看，全国及东部、中部、西部地区实际利用外资占 GDP 比重对土地规模体系全城市指数的影响均为负，但中部地区的系数未通过显著性检验，系数分别为 -0.170、-0.266、-0.184 和 -0.253，即总体来看，我国吸引外资的城市主要向中低位序城市转移，从而间接弱化了首位城市的土地规模占比优势。

从进出口总额的角度来看，全国及东部地区进出口总额对土地规模体系全城市指数的影响显著为正，系数分别为 6.38E-06 和 1.51E-05，即从全国及东部地区来看，进出口企业大多集中在首位城市，从而带动了首位城市建设用地的扩张。中部和西部地区进出口总额对土地规模体系全城市指数的影响则为负，说明对于中部和西部地区来说，进出口产业和企业主要布局在中小城市，带动了中小城市用地规模的扩张，从而带来首位城市全城市指数的降低。

6. 通达性分析

从路网密度的角度来看，全国及中部、西部地区的路网密度对土地规模体系全城市指数的影响均为正，但中部地区的系数未通过显著性检验，系数分别为 0.115、0.005 和 0.252。说明从全国及中部、西部地区的角度来看，路网密度的改善引致更多的产业、企业和人口流向高位序城市，从而提高了全城市指数，其中西部地区的作用最为明显。东部地区路网密度对土地规模体系全城市指数的影响系数为 -0.050，且通过显著性检验，即东部地区路网密度的改善促进了产业、企业和人口更为均衡地流动，从而降低了全城市指数。

从客运量的角度来看，全国及东部、西部地区的客运量对土地规模体系全城市指数的影响均为正，但西部地区的系数未通过显著性检验，系数分别为 8.24E-08、8.77E-08 和 1.50E-07，说明上述三个区域的客运量对首位城市的土地规模有正向促进作用。中部地区客运量对土地规模体系全城市指数的影响系数为 -2.60E-07，说明中部地区客运量对首位城市的土地规模具有削弱作用。

三 城市土地规模体系基尼系数影响因素分析

(一) 土地规模体系基尼系数回归结果

利用固定效应面板模型，对省域城市土地规模体系基尼系数的影响因素进行实证分析。其中，对全国土地规模体系基尼系数影响因素的分析采取的是空间固定效应的面板分析，对东部、中部、西部地区土地规模体系基尼系数影响因素的分析采取的是时间固定效应的面板分析。表 5-12 反映了全国及东部、中部、西部地区土地规模体系基尼系数影响因素回归结果，从回归结果来看，4 个模型的拟合优度均大于 0.9，且绝大多数影响因素的 t 检验显著。

表 5-12 全国及东部、中部、西部地区土地规模体系
基尼系数影响因素回归结果

变量	全国	东部地区	中部地区	西部地区
常数项	0.652 ***	1.655 ***	-0.090	0.566 **
	(7.364)	(4.262)	(-0.379)	(2.404)
城乡收入差距(比值)	0.001	0.007	0.056 ***	0.005
	(0.054)	(0.455)	(2.803)	(0.196)
人口城镇化率(比值)	-0.570 ***	0.529 ***	0.117	-0.739 ***
	(-7.206)	(4.275)	(1.494)	(-3.757)
人均社会消费品零售总额 (万元)	0.008	0.002	0.028 *	-0.038
	(1.229)	(0.253)	(1.738)	(-1.346)
人均 GDP(万元)	0.007	0.021 **	0.014	0.070 ***
	(1.221)	(2.332)	(1.016)	(3.613)
GDP(亿元)	-2.00E-06 **	-1.09E-05 ***	1.45E-05 ***	5.71E-06
	(-2.475)	(-8.323)	(4.599)	(1.510)
财政支出占 GDP 比重(比值)	-0.057	-1.861 ***	0.794 ***	0.453 ***
	(-0.988)	(-8.001)	(2.906)	(2.896)
财政支出(亿元)	1.17E-05 ***	6.21E-05 ***	-7.83E-05 ***	-8.34E-06
	(3.807)	(10.205)	(-4.146)	(-0.776)
建成区面积(平方千米)	-3.49E-05 **	3.88E-05 **	-1.16E-05	-4.10E-05
	(-2.248)	(2.407)	(-0.312)	(-1.204)

续表

变量	全国	东部地区	中部地区	西部地区
实际利用外资占 GDP 比重（比值）	-0.099 ** (-2.449)	0.015 (0.123)	-0.092 (-1.148)	-0.296 *** (-6.423)
进出口总额（亿元）	6.90E-06 *** (4.095)	1.92E-05 *** (7.065)	-5.44E-06 (-0.522)	-6.93E-06 (-0.444)
路网密度（千米/千米²）	0.087 *** (6.724)	-0.143 *** (-11.307)	-0.050 *** (-2.718)	0.262 *** (6.423)
客运量（万人）	6.00E-08 ** (2.259)	4.59E-08 (1.582)	-2.36E-07 ** (-2.261)	2.55E-07 * (1.787)
建成区人口密度（万人/千米²）	-0.060 *** (-3.502)	0.005 (0.188)	-0.104 *** (-2.882)	-0.032 * (-1.814)
非农产业产值比重（比值）	0.052 (0.735)	-1.498 *** (-3.679)	0.312 ** (2.575)	-0.383 * (-1.931)
产业高级化水平（比值）	0.018 * (1.884)	-0.030 (-1.272)	0.049 ** (2.542)	0.163 *** (3.823)

省区	空间固定效应	时间固定效应		
		2003～2018 年		
辽宁	0.0201	-0.0801	0.0213	0.1421
河北	-0.1287	-0.0952	0.0217	0.1282
山东	-0.1050	-0.0807	-0.0007	0.1588
江苏	-0.0212	-0.0308	0.0115	0.1359
浙江	0.0102	-0.0101	0.0173	0.1049
福建	0.0672	-0.0017	0.0143	0.0738
广东	0.2571	0.0447	0.0082	0.0358
黑龙江	0.0779	0.0275	0.0066	0.0097
吉林	0.0778	0.0183	0.0058	-0.0152
山西	-0.0108	0.0229	0.0080	-0.0523
河南	-0.1330	0.0299	-0.0012	-0.0670
湖北	-0.0098	0.0358	-0.0046	-0.0809
湖南	-0.0815	0.0264	-0.0050	-0.1113
安徽	-0.1280	0.0289	-0.0249	-0.1310
江西	-0.1000	0.0285	-0.0364	-0.1507
内蒙古	-0.0091	0.0357	-0.0420	-0.1808
陕西	0.0742			
甘宁青	-0.0103			

续表

省区	空间固定效应	时间固定效应 2003~2018 年		
四川	0.0507			
云贵	0.0925			
广西	0.0095			
R^2	0.9377	0.9819	0.9179	0.9259
调整后的 R^2	0.9304	0.9752	0.8926	0.8917
回归标准差	0.0253	0.0192	0.0264	0.0315
F 统计值	128.9373***	146.3265***	36.1681***	27.0679***

注：*、**和***分别表示在 10%、5%和 1%的水平下显著，括号内为 t 值。

（二）基于多元回归结果的分析

1. 城乡二元结构分析

从城乡收入差距的角度来看，城乡收入差距对全国及东部、中部、西部地区土地规模体系基尼系数的影响为正，但只有中部地区的系数通过显著性检验，系数分别为 0.001、0.007、0.056 和 0.005。不过这也从侧面说明，城乡收入差距的扩大导致各省区内城市之间用地规模的差距越来越大。

从人口城镇化率的角度来看，全国及西部地区人口城镇化率对土地规模体系基尼系数的影响为负，且通过显著性检验，系数分别为 -0.570 和 -0.739。说明随着人口城镇化率的提升，全国及西部地区内各城市之间土地用地规模的分布将更为均衡。而东部和中部地区人口城镇化率对土地规模体系基尼系数的影响为正，系数分别为 0.529 和 0.117，说明随着人口城镇化的推进，东部和中部地区土地规模体系基尼系数将提高。

2. 经济因素分析

从人均社会消费品零售总额的角度来看，全国及东部、中部地区人均社会消费品零售总额对土地规模体系基尼系数的影响均为正，但系数均比较小，且只有中部地区的系数通过显著性检验，系数分别为 0.008、0.002 和 0.028，说明全国及东部、中部地区的人均社会消费品零售总额会小幅扩大各城市间的土地规模分布差异。西部地区人均社会消费品零售总额对土地规模体系基尼系数的影响系数为 -0.038，也没有通过显著性检验。说明西部地区人均社会消费品零售总额会小幅改善各城市之间土地规模的均衡状况。

从人均 GDP 的角度来看，全国及东部、中部、西部地区人均 GDP 对土地规模体系基尼系数均有正向影响，但只有东部和西部地区的系数通过显著性检验。说明总体来看，人均 GDP 的增长会导致土地规模非均衡化分布，从而助推土地规模体系基尼系数的上升。

从 GDP 的角度来看，全国及东部地区 GDP 对土地规模体系基尼系数的影响为负，且均通过显著性检验，原因是全国及东部地区土地规模体系基尼系数较小，但 GDP 较大，从而导致二者呈现负相关关系。中部及西部地区 GDP 对土地规模体系基尼系数的影响均为正，系数分别为 $1.45\text{E}-05$ 和 $5.71\text{E}-06$，说明在中部和西部地区，经济的增长引致土地规模在各城市之间分布的差异性变大。

从非农产业产值比重的角度来看，全国非农产业产值比重对土地规模体系基尼系数的影响为正，且没有通过显著性检验。东部、中部、西部地区非农产业产值比重对土地规模体系基尼系数的影响均通过显著性检验，系数分别为 -1.498、0.312 和 -0.383。说明东部和西部地区非农产业产值的上升有助于推进各个城市之间土地规模的均衡化，而中部地区非农产业产值比重的上升则扩大了各个城市之间土地规模的差异。

从产业高级化水平的角度来看，全国及中部、西部地区产业高级化水平对土地规模体系基尼系数的影响均为正，且通过显著性检验，系数分别为 0.018、0.049 和 0.163。说明随着产业结构的升级，区域内各城市的用地规模分布会更加不均衡。东部地区的产业高级化水平对土地规模体系基尼系数的影响为负，且未通过显著性检验。

3. 政府支出分析

从财政支出占 GDP 比重的角度来看，全国及东部地区的系数为负，分别为-0.057 和-1.861，但全国的系数未通过显著性检验。说明财政支出占 GDP 比重的上升有助于政府实现土地城镇化模式更为均衡。中部和西部地区财政支出占 GDP 比重对土地规模体系基尼系数的影响显著为正，系数分别为 0.794 和 0.453。实际上，从经济增长阶段来看，中部和西部地区尚处于工业化中期阶段，地方政府更加重视区域中心城市的培育，从而导致土地规模在区域内部分布的不均衡，基尼系数上升。

从财政支出来看，全国及东部地区财政支出对土地规模体系基尼系数具有正向影响，且均通过显著性检验，系数分别为 1.17E-05 和 6.21E-05，说明从全国及东部地区来看，财政支出的增加将助推各城市之间土地规模分布呈现差异性。中部和西部地区财政支出对土地规模体系基尼系数的影响均为负，系数分别为-7.83E-05 和-8.34E-06，但西部地区的系数未通过显著性检验，这在一定程度上说明，中部和西部地区财政支出的增加有助于各个城市间土地规模分布的均衡化。

4. 建成区面积分析

从建成区面积的角度来看，全国建成区面积对土地规模体系基尼系数的影响显著为负，系数为-3.49E-05，即建成区面积越大，基尼系数越小。或者说，从全国的角度来看，随着土地城镇化的推进，城镇建设用地在各级城市之间的分布将趋于均衡。中部和西部地区建成区面积对土地规模体系基尼系数的影响虽未通过显著性检验，但均为负，系数分别为-1.16E-05 和-4.10E-05，说明随着中部和西部地区土地城镇化进程的推进，各等级城市的用地规模将趋于均衡。东部地区建成区面积对土地规模体系基尼系数的影响系数为 3.88E-05，且通过显著性检验，说明随着东部地区土地城镇化进程的推进，城市建设用地分布的差异性变大。

从建成区人口密度的角度来看，全国及中部、西部地区建成区人口密度对土地规模体系基尼系数的影响显著为负，系数分别为-0.060、-0.104和-0.032，即建成区人口密度的提升有助于促进区域内城镇建设用地分布的均衡化。东部地区人口密度的系数为正，但没有通过显著性检验，说明东部地区人口密度的提升促进了城镇建设用地分布的差异化。

5. **外向度分析**

从实际利用外资占GDP比重的角度来看，全国及中部、西部地区实际利用外资占GDP比重对土地规模体系基尼系数的影响均为负，系数分别为-0.099、-0.092和-0.296，不过中部地区的系数未通过显著性检验，说明实际利用外资占GDP比重的提升将导致外资利用地区的均衡分布，从而引致区域内各城市之间用地规模的均衡分布。东部地区实际利用外资占GDP比重对土地规模体系基尼系数的影响为正，但未通过显著性检验。

从进出口总额的角度来看，全国及东部地区进出口总额对土地规模体系基尼系数的影响均为正，且均通过显著性检验，系数分别为6.90E-06和1.92E-05，说明从全国和东部地区的角度来看，进出口企业在区域内的分布是非均衡的，从而引致土地在相应区域内城市之间的非均衡分布。中部和西部地区进出口总额对土地规模体系基尼系数的影响均为负，且均未通过显著性检验，系数分别为-5.44E-06和-6.93E-06，这在某种程度上说明中部和西部地区进出口总额的增加引致这两个区域内各城市之间土地规模分布的均衡化。

6. **通达性分析**

从全国及西部地区的角度来说，无论是路网密度还是客运量，对土地规模体系基尼系数的影响均为正，且均通过显著性检验，全国路网密度和客运量的系数分别为0.087和6.00E-08，西部地区相应的系数分别为0.262和2.55E-07。二者都促进了各个城市土地规模分布的非均衡化。东部和中部地区路网密度的系数均为负，分别

为 −0.143 和 −0.050，说明东部和中部地区路网密度的改善促进了这些区域内土地规模分布的均衡性。从统计学的意义来看，则是相对于西部地区来说，东部和中部地区土地规模体系基尼系数更小，但路网密度更高，因而导致二者呈现负相关关系。从客运量来看，东部地区客运量对土地规模体系基尼系数的影响系数为 4.59E−08，但未通过显著性检验，说明东部地区客运量对土地规模体系基尼系数有较弱的正向影响。中部地区客运量对土地规模体系基尼系数有显著的负向影响，系数为 −2.36E−07，说明中部地区客运量的增加有助于用地规模的均衡化布局。

第六章 中国省域城市规模体系
均衡发展的实现路径

合理的城市规模体系对区域经济社会与资源环境协调发展具有基础性作用。实现城市规模体系的均衡发展，要统筹兼顾各区域的情况，发挥县域城镇化对城市规模体系优化的基底作用，发挥城市群对城市规模体系均衡发展的主体作用，同时要促进人口城镇化与土地城镇化的协同发展。

第一节 坚持区域统筹兼顾是实现城市
规模体系均衡发展的出发点

城市规模体系的形成、发展与演变，受到经济、政治、自然、历史、文化等多种因素的影响。我国幅员辽阔，各地自然基础、经济发展水平存在很大的差异。不同地区在国家主体功能区规划中承担不同的主体功能，且处于不同的经济发展阶段。因此，只有坚持统筹兼顾、因地制宜，采取差异化的城镇化措施，才能推动各地城镇化质量不断提升，促进城市规模体系不断优化。

一 主体功能区规划的差异性对城镇化和城市规模具有约束性意义

任何一个区域的发展都离不开自身的经济基础、资源禀赋、人口总量与结构以及历史沿革，因此无论是区域的经济社会发展还是生态环境建设，都必须从本区域的综合情况出发，趋利避害，因地制宜，确立自己的主导定位与方向。主体功能区规划就是立足我国经济社会与资源环境在全国的非均衡分布，对全国各地的发展进行规划与定位的战略性、约束性规划。

（一）主体功能区规划反映了区域经济社会与资源环境协调发展的必然要求

第一，主体功能区的提出是国家从大区域调控走向类型区调控的标志。新中国成立初期，我国的经济发展借鉴苏联的地域生产综合体理论，提出了沿海和内地"两个大局"战略构想，毛泽东同志在《论十大关系》中也强调要处理好沿海工业和内地工业的关系。随着经济社会的进一步发展，"九五"计划又把我国划分为7个跨省区市的经济区——长江三角洲和沿江地区、东南沿海地区、环渤海地区、东北地区、中部五省地区、西南和广西地区、西北地区，对区域协调发展进行了细化。20世纪80年代后，在梯度渐进增长理论的基础上，又提出东部、中部、西部三大经济地带的梯度开发模式；20世纪90年代末，先后实施东部率先（沿海开放）、西部大开发、振兴东北老工业基地和中部崛起等战略。上述区域划分，总体上以地域生产综合体理论或者梯度渐进增长理论为基础，强调发展是第一要务，强调以GDP为导向，尽管也已经意识到可持续发展的迫切性，但在具体操作对象上较为模糊，缺乏普遍意义上的生态产品载体，重发展、轻保护，重实物产品生产、轻生态产品生产的问题比较突出（黄溶冰，2020）。总的来说，每个时期中国的区域经济规划都有其历史必然性与合理性，但随着经济社会发展到一定程度，在资源环境压力越发凸显的情况下，区域经济规划需要从大区域规划走向类型区规划。

第二，主体功能区规划反映了经济社会与资源环境协调发展的必然要求。以GDP增长为导向的传统空间开发格局引发了过度和无序开发、国土资源低效利用、自然资源严重破坏以及生态环境急剧恶化等一系列突出矛盾，倒逼发展理念的转变和发展方式的转型（黄溶冰，2020）。实际上，任何一个区域都有特定的区域面积、地形气候、水文资源，具备一定的人口、经济和社会基础。如果让所有的区域都具备同样的职能，必然会影响整体的发展。从全国来说，粮食安全是国家经济社会发展的"压舱石"，必须把中国人的饭碗牢牢端在自己手里，对 18 亿亩耕地红线的坚守成为必要前提，但 18 亿亩耕地红线不可能平均分配在每一个省区中，因而必须在特定区域划定粮食主产区。生态环境是生产和生活的基础，绿水青山就是金山银山，但不可能把每个省区都划定为自然保护区。发展是硬道理，但是不可能把所有的省区都划定为工业化、城镇化的重点地区，只能在特定地区进行工业化和城镇化布局。每个区域的资源禀赋、发展基础和开发强度有别，发展的优势和劣势有别，发展的强项和短板有别，只有让各个区域承担起与自身条件相适应的主体功能，才能做到扬长避短、趋利避害、因地制宜、相得益彰，发挥比较优势。因此，根据不同区域的资源环境承载能力、现有开发强度和发展潜力进行主体功能划定，充分体现了发展的全面性、科学性与合理性。

（二）主体功能区规划是城镇化及城市规模布局的制度约束

正是基于上述考虑，2004 年国家发展改革委首倡"主体功能区"概念。2005 年 10 月 11 日，党的十六届五中全会通过了《中共中央关于制定国民经济和社会发展第十一个五年规划的建议》，首次将主体功能区纳入区域协调发展战略。2010 年 10 月 18 日，党的十七届五中全会首次提出"实施主体功能区战略"，并将其与区域发展总体战略并列起来，成为区域协调发展战略的重要组成部分。2010 年 12 月 21 日，国务院颁布《全国主体功能区规划——构建高效、协调、可持续的国土空间开发格局》，强调按开发方式将国土空间划分为优化开发区域、重点开发区域、限制开发区域和禁止开发区域，按开发内容将国土空间划分为城市化地区、农产品主产区和重点生态功能区。2011 年 6 月，《全国主体功能区规划》正式颁布施行，随后各省份也陆续制定了符合本省省情的主体功能区规划，从不同层次、不同角度对国土开发做出了安排和部署，初步确立了国土开发重点与基本框架。

2013 年 11 月 9～12 日，党的十八届三中全会通过的《中共中央关于全面深化改革若干重大问题的决定》正式提出"主体功能区制度"，强调要坚定不移实施主体功能区制度，建立国土空间开发保护制度，严格按照主体功能区定位推动发展。2015 年 10 月 29 日，党的十八届五中全会强调，要发挥主体功能区作为国土空间开发保护基础制度的作用，落实主体功能区规划，完善主体功能区配套政策，以主体功能区规划为基础统筹各类空间性规划，推进"多规合一"。2017 年 10 月 18 日，党的十九大报告强调，要构建国土空间开发保护制度，完善主体功能区配套政策。"主体功能区制度"是推进主体功能区建设的一系列制度安排，包括保障形成主体功能区布局的法律法规、体制机制、规划、政策和绩效考评体系等（全国人大财政经济委员会、国家发展和改革委员会，2016）。

通俗地讲，主体功能区规划是指某一个地区要确定一个主体功能，但并不是不要其他任何功能。例如，优化开发区和重点开发区的主体功能定位是城镇化和工业化，但并不是说在优化开发区和重点开发区内就没有限制开发和禁止开发的项目。其实，在优化开发区和重点开发区内，同样存在部分限制开发区和禁止开发区，如农业主产区和自然保护区。在限制开发区内，也存在局部的点状或带状的工业和城市分布。

主体功能区通过开发方式和开发内容的确定，从空间布局上划定了各个地区的发展模式。在国家层面明确了优化开发、重点开发、限制开发、禁止开发四类主体功能区的功能定位、发展目标、发展方向和开发原则，并且对各类开发方式所对应的开发内容予以细化。

从宏观布局来看，在国家层面形成"两横三纵"城市化战略格局、"七区二十三带"农业战略格局、"两屏三带"生态安全战略格局，这些国家层面的主体功能区规划，是城镇化及城市规模发展的基础与遵循。

二 经济发展阶段的差异性是城市规模体系评价与发展的基础

尽管经济基础不是决定城市规模体系形成、发展与演化的唯一因素，但经济基础无疑是城市规模体系形成、发展与演化的最重要因素。无论是单个城市的形成和发展还是整体城市体系的形成和发展，经济都是决定性的因素。因此，评价一个地区城市规模体系的优劣，或者谋划一个地区未来城市规模体系的发展，都离不开对该地区经济发展阶段的考量。

（一）基于结构性及平均性要素的分析

结构性要素包括城乡收入差距、人口城镇化率和非农产业产值比重。城乡收入差距是反映一个地区城乡均衡发展及区域经济一体化的重要指标，但从表6-1及图6-1来看，城乡收入差距呈现自东向西递增的态势，东部地区城乡收入差距最小，中部地区城乡收入差距居中，西部地区城乡收入差距最大，分别为2.569、2.678和3.399。说明东部地区的城乡一体化水平最高，中部地区居中，西部地区则最低。城乡一体化水平对城市规模体系也有明显的影响，东部地区城乡收入差距较小，恰好说明了该地区的县域城镇化水平较高，农村居民在小城镇都能从事非农产业，获得较高的收入回报，而中部和西部地区则刚好相反。

人口城镇化率以及非农产业产值比重都是城镇化的重要指标，二者分别从人口的城乡结构和产业的非农化程度方面揭示了城镇化的质量。这两个指标均呈现自东向西递减的态势。也就是说，东部

表 6-1　东部、中部、西部地区主要经济指标

变量	东部地区	中部地区	西部地区
城乡收入差距（比值）	2.569	2.678	3.399
人口城镇化率（比值）	0.573	0.479	0.433
人均社会消费品零售总额（万元）	1.814	1.145	0.979
路网密度（千米/千米²）	1.254	1.018	0.481
建成区人口密度（万人/千米²）	1.575	1.745	1.825
非农产业产值比重（比值）	0.915	0.869	0.856
人均 GDP（万元）	4.426	2.644	2.523
GDP（亿元）	31140.93	14363.36	12431.71
财政支出（亿元）	4381.951	2915.771	3443.003
建成区面积（平方千米）	2688.552	1444.877	1215.376
进出口总额（亿元）	5531.874	1208.350	1059.493
客运量（万人）	133495.8	81433	82944.83

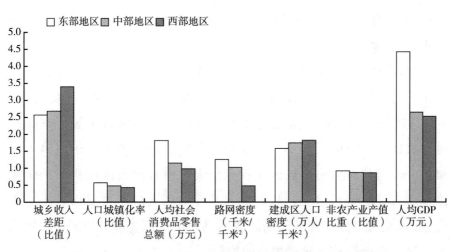

图 6-1　东部、中部、西部地区结构性及平均性要素

地区的人口城镇化率和非农产业产值比重都最高，西部地区的人口城镇化率和非农产业产值比重都最低，而中部地区的人口城镇化率和非农产业产值比重都居中。具体来说，东部、中部、西部地区的

人口城镇化率分别为 0.573、0.479 和 0.433,非农产业产值比重分别为 0.915、0.869 和 0.856。

平均性要素包括人均社会消费品零售总额、路网密度、建成区人口密度和人均 GDP。其中,人均社会消费品零售总额表示全社会消费品零售总额与人口之比,体现的是人均指标;路网密度表示的是公路和铁路网的里程与区域面积之比,体现的是地均指标;建成区人口密度是城镇人口与城市建成区面积之比,也是地均指标。

无论是人均社会消费品零售总额还是人均 GDP,抑或是路网密度,均呈现从东向西递减的态势,说明东部地区的各项平均性指标依然是最高的,西部地区的各项平均性指标均是最低的,而中部地区的各项平均性指标则居中。具体来说,东部、中部、西部地区人均社会消费品零售总额分别为 1.814 万元、1.145 万元和 0.979 万元;人均 GDP 分别为 4.426 万元、2.644 万元和 2.523 万元;路网密度分别为 1.254 千米/千米^2、1.018 千米/千米^2 和 0.481 千米/千米^2。

建成区人口密度呈现从东向西递增的态势,东部、中部、西部地区的建成区人口密度分别为 1.575 万人/千米^2、1.745 万人/千米^2 和 1.825 万人/千米^2。这说明相对于中部和西部地区来说,东部地区建成区人口密度反而小。原因是尽管东部地区各省区的城镇人口最多,但与其对应的建成区面积也最大,而且建成区面积的扩张速度快于人口的增长速度,从而导致其建成区人口密度反而较小。实际上,《全国主体功能区规划》也明确划定东部大部分地区属于优化开发区,要严格控制建设用地的增量。

(二)基于总量性要素的分析

总量性要素从总体的角度来分析区域差异,由于各个总量的量级差别很大,很难在一个图里进行对比分析,所以放在两个图里予以直观对比。

从图 6-2 可以看出，东部地区 GDP 和客运量的优势是十分明显的，中部和西部地区的差别不是很大。东部地区的 GDP 为 31140.93 亿元，而中部和西部地区的 GDP 分别为 14363.36 亿元和 12431.71 亿元，东部地区 GDP 分别是中部、西部地区 GDP 的 2.17 倍、2.50 倍。从客运量来看，东部地区的客运量为 133495.8 万人，中部和西部地区的客运量分别为 81433 万人和 82944.83 万人，东部地区客运量分别是中部、西部地区客运量的 1.64 倍、1.61 倍。

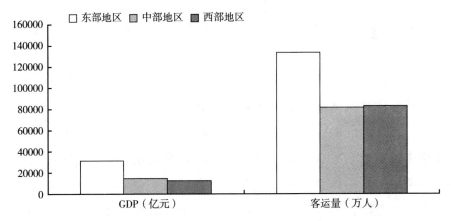

图 6-2　东部、中部、西部地区 GDP 及客运量

从图 6-3 可以看出，东部地区的进出口总额优势十分明显，分别是中部和西部地区的 4.58 倍和 5.22 倍；从建成区面积和财政支出的角度来看，东部地区的优势也十分明显。不过，中部和西部地区的差距不是很大。

综合以上分析，无论是结构性要素还是平均性要素，抑或是总量性要素，东部地区的优势都非常明显。另外，从中部、西部地区对比的角度来看，中部地区的各项指标总体上占优。从经济发展的角度看，当经济发展到一定阶段，区域空间结构必然由集中向分散转变，表现为中小城市的不断发展壮大。从前文的分析同样可以看

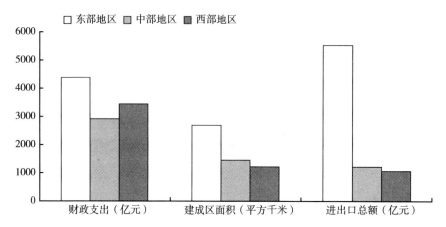

图6-3 东部、中部、西部地区财政支出、建成区面积及进出口总额

出，无论是人口规模体系的各项指标还是土地规模体系的各项指标，抑或是经济规模体系的各项指标，总体上表现为东部地区的齐普夫指数、城市首位度（二城市指数、四城市指数、全城市指数）、城市规模体系均衡系数（基尼系数、HH指数和离散系数）较小，也就是各项城市规模体系的分布更为扁平化，首位城市优势不突出，城市之间的差距较小；就中部和西部地区来说，总体上也是中部地区的各项指标较为均衡，首位城市的优势没有西部地区首位城市的优势大，其区域内各城市之间的差距也比西部地区内各城市之间的差距小。

基于上述的分析，不能简单地认为东部地区首位城市优势不突出，也不能认为中部和西部地区的首位城市过于集聚。因为城市体系的形成总是对应不同的发展阶段。对未来城市体系的规划也不能简单地从大中小城市均衡发展的角度去解读。从全国的层面来讲，坚持城市群主体形态，推动大中小城市均衡发展无疑是十分科学的。但中部和西部地区的工业化进程尚未完成，且中部和西部地区区域面积巨大，而人口相对于东部地区来说要少得多，因此不可能把仅有的人口规模平均分配在各级城市体系中，事实也证明人口的流动自发地遵循集聚与分工的规律，因此中部和西部地区的首位城市更能发挥集聚效应。

三 政策差异性是推进各省区城市规模体系均衡发展的关键

如前文的分析，我国东部、中部和西部地区具有明显不同的主体功能区定位，处于不同的发展阶段，拥有不同的人口规模与区域面积，且三大地区内各省区之间也存在一定的区域差异性。因此，推进城市规模体系的均衡发展应体现区域差异性，以此提高对策的科学性、可行性，实现因地制宜。

（一）因地制宜，形成多元化的城市体系结构

从城市规模体系的增长方式来说，中部和西部地区各省区的城市规模体系可以是增长极或者点轴增长方式，东部地区各省区的城市规模体系应以网络状为主。各省区总人口、行政面积及人口密度见表6-2。

表6-2 各省区总人口、行政面积及人口密度

省区	总人口（万人）	行政面积（平方千米）	人口密度（人/千米²）	省区	总人口（万人）	行政面积（平方千米）	人口密度（人/千米²）
辽宁	4359	148084	294.36	湖北	5917	185750	318.55
河北	7556	187158.9	403.72	湖南	6899	211833	325.68
山东	10047	158219	635.01	安徽	6324	139615	452.96
江苏	8051	102378	786.40	江西	4648	167064	278.22
浙江	5737	103493.4	554.33	内蒙古	2534	1196113	21.19
福建	3941	122870	320.75	陕西	3864	205629	187.91
广东	11346	174246	651.15	甘宁青	3928	1217868	32.25
黑龙江	3773	439703	85.81	四川	8341	491718	169.63
吉林	2704	190234	142.14	云贵	8430	570190.4	147.85
山西	3718	156698	237.27	广西	4926	237438	207.46
河南	9605	166785	575.89				

图 6-4 呈现了 21 个省区的总人口及行政面积。从总人口来看，总人口总体上呈现从东向西递减的态势，中部地区除河南、西部地区除四川外，其他省区的总人口总体上小于东部地区各省区；从行政面积来看，行政面积总体上呈现从东向西递增的态势。

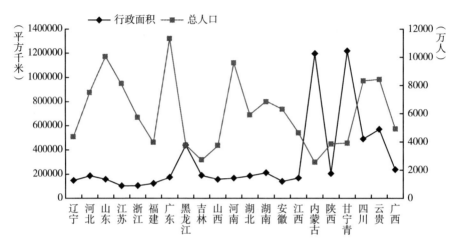

图 6-4　各省区总人口及行政面积

图 6-5 呈现了 21 个省区的建成区人口密度。可以看出，建成区人口密度总体上呈现从东向西递减的态势。

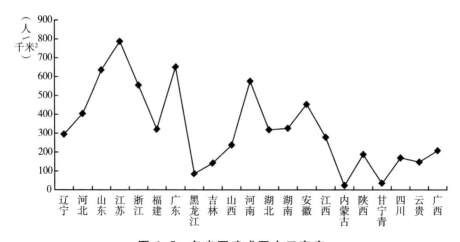

图 6-5　各省区建成区人口密度

城市规模体系的核心指标是土地和人口，无论是人口的空间分布还是产业的空间布局，都离不开一定的国土空间。我国东部地区各省区的总体面积较小而人口规模巨大，且许多地区已经进入后工业化时期，因此客观上需要更为均衡的城市规模体系分布。我国中部和西部地区虽然人口较少，但区域面积广，如果过于均衡地分布于各个城市，不仅无法培育有限的增长极，而且各个城市也无法获得合理发展。此外，由于中部和西部地区的自然环境及发展潜力，许多地方不适合进行工业化、城镇化，在国家主体功能区规划中承担着限制开发区和禁止开发区的功能，客观上应该将城镇化的地区进一步限定和聚焦，因此较高的城市首位度对于中部和西部地区来说，不仅是必要的，而且是必需的。

（二）统筹兼顾，采取差异化的开发方式

东部地区不仅有三大城市群，而且有黄淮海平原粮食主产区和华南粮食主产区，局部地区还有生态保护区。整体来看，东部地区人口总量大，用地资源紧缺，开发强度大，能源资源短缺，因此应该予以优化开发。严格控制建设用地规模增长，对土地资源节约集约利用提出更高的目标和要求，提高空间利用效率；注重对城镇周边生态用地和农用地的保护，强化永久基本农田阻隔功能，防止城镇发展无序蔓延。对于资源环境承载能力为临界超载或已超载区域，引导超载人口和产业适度疏散（张化楠等，2019）。东部地区应通过产业升级，提高土地集约利用水平，大力推动科技创新，努力缓解资源环境的超载程度。·

中部地区的优化开发区域包括太原城市群、哈长地区、东陇海地区、江淮地区、中原经济区、长江中游地区，这些地区资源条件优越，城镇化、工业化基础良好，是未来城镇化、工业化的重点地区，但中间也有长江中游粮食主产区和黄淮海平原主产区。应进一步提高土地利用效率，优化产业结构、城镇布局和交通运输网络，集聚人口和产业。

西部地区生态环境脆弱，生态保护的压力很大，在西部地区广袤的土地上，分布有"两屏三带"，即"青藏高原生态屏障""黄土高原-川滇生态屏障"，以及"东北森林带""北方防沙带""南方丘陵山地带"。同时，西部地区有汾渭平原、河套灌区、甘肃新疆、四川盆地等粮食主产区，还有广阔的空间因自然条件恶劣人类无法生存。因此，西部地区城市的布局呈点状或带状分布，形成呼包鄂榆地区、北部湾地区、成渝地区、黔中地区、滇中地区、藏中南地区、关中-天水地区、兰州-西宁地区、宁夏沿黄经济区、天山北坡地区等重点开发地区，但重点开发地区占西部地区总面积的比重非常小。在产业规划上，西部地区应积极主动承接东部沿海地区有市场、有效益的劳动密集型产业转移，结合不同城市资源优势发展具有自身特色的产业，优化城市群内的产业分工，提升城市群产业体系的核心竞争力，以产业优化升级引领新型城镇化进程（张玉周，2015）。

第二节　提高县域城镇化质量是实现城市规模体系均衡发展的根基

根据前文的实证分析，城乡收入差距扩大会使城市规模体系扁平化，这实际上间接证明了发展小城镇的重要性和必要性。县城是县域工业化、城镇化的主要载体，是农村城镇化最有发展潜力的区位，是形成城乡经济社会发展一体化新格局的重要战略支点。未来依托县城发展中小城市的城镇化战略潜力巨大。

相对于大城市来说，小城市的生活成本较低，文化习俗与农村更为接近，农民工的社会资本网络比较健全，而且可以避免"候鸟式"城镇化带来的社会后果。

县域城镇化在空间上既包括县城的城区，也包括县域内相关的镇。推进县域城镇化有助于缓解大中城市的城市压力，也有利于作为区域增长极而带动乡村振兴。

一　产业优化是县域城镇化健康发展的根本

城市因产业发展而兴起，因产业衰败而萎缩。城市是产业的空间布局，产业是城市的根本支撑。因此，要想让县域城镇化健康发展，有效吸纳城镇化进程中的农民，从而缓解大城市的城镇化压力，就必须优化县域产业体系，发挥产业对劳动力的根本吸纳作用。

首先，要坚持多元化、差异化的发展策略。我国幅员辽阔，各地区经济社会与资源环境的差异也很大，因此每个县都要结合本地的资源禀赋、市场环境和人口结构，科学论证有区域比较优势、有发展前景的产业。对于城市群、大都市区内或邻近的县，要加强与中心城市的分工合作，为中心城市提供生产制造、休闲康养、农产品供给等配套功能；对于东部沿海地区发展水平较高的县，要做好科学规划，创新体制机制，发挥县城高质量发展和县域城乡融合发展的示范引领作用，并率先实现现代化；对于其他平原或丘陵地区的县，应主动承接发展电子信息、纺织服装等劳动密集型产业，积极引导、鼓励发展数字经济，支持新业态、新模式健康发展，带动扩大县域就业；对于山区县或其他宜居性较弱地区的县，要积极提升县城服务功能，适当发展农副产品加工业、食品制造业等传统产业，并促进其转型升级。

其次，县域产业发展要体现城乡融合的思想。县域城镇化的空间并不限于县城或者城区，各个镇也可以是县域城镇化的空间载体。因为城镇化的本质并不是让所有人进入大城市，实际上农业工业化、农村现代化、农民非农化恰恰体现了城镇化的本质。要在空间上构建以县城为龙头的县域城镇体系，形成县城与各乡镇的良好互动格局，并在功能、区位、规范等方面实现共存与互补。打造农业特色镇、现代工业重镇、商业大镇、边贸强镇、旅游名镇等；在产业上优化县域产业体系，着力发展当地优势产业、完善农产品产业链、培育发展新业态，增强县城就业吸纳能力，促进城乡产业融合发展；

完善农产品商贸物流体系和城乡商贸体系，以农村电商带动城乡电商一体化发展，促进城乡三次产业深度融合；以乡村旅游带动全域旅游发展，促进城乡旅游资源、旅游市场、旅游产品的融合；积极完善农村金融、保险、技术服务等社会化服务体系，提升城乡生产、生活、投资、消费融合的社会化服务水平。

最后，应大力发展多种形式的工业园区并使其成为承接产业转移的主要载体。支撑转入产业的集聚发展，提升产业关联度，促进产业集中布局。工业园区的建设有助于行业和企业之间共享基础设施、共享公共服务、共享信息，通过互相学习，发挥产业园区的外溢效应；相关的行业在一起，通过上下游的分工合作，有助于降低物流成本，实现无缝链接；工业园区的企业在一起，有助于形成产业关联效应、后向产业关联效应，促进产业集群的发展。要优化企业生存环境，完善园区内要素流动的网络支撑，加强各类信息服务平台建设，创新园区内行政管理体制，提高产业转移入驻效率，构建资源共享和利益共享的发展格局。

二 稳定的就业是县域农民工市民化的基础

首先，稳定的就业是市民化的基础。农民工市民化的进程如何，归根结底取决于农民工及其家属是否有能力在城市生存下去。城市的居住成本、教育成本、日常消费等都远远高于农村。只有稳定的就业才能够给农民工及其家属带来稳定的收入，从而保障他们在城市的基本生活质量。

其次，稳定的就业内在地要求提高农民工的就业技能。通过完善各种形式的就业培训，提升转移人口的劳动技能。当前我国农民工中普遍存在文化水平低、缺乏一技之长的现象，严重制约了其顺利就业和创业。调查显示，只有初中文化程度的农民工占农民工总数的60.5%，接受过农业或非农业职业技能培训的人口比例只有31.8%（郑萍，2016）。构建完善的职业培训体系对提升农民工就业能力至关重要。要积极整合现有教育资源，丰富农民工职业培训方式，充分整合职业教育、继续教育及短期教育等多种培训方式，发挥集体合力。开展企业与教育机构的深度合作，促进农民工与市场对接、与企业对接，提高农民工培训的针对性与实践性。要加大政府对农民工培训的财政支出，同时企业也要承担相应的培训支出，积极筹措社会资本参与农民工的职业培训，建立多元化的培训成本分担机制。

最后，稳定的就业也需要政府及社会各界有效保护农民工权益。农民工进入城市打工和生活，不仅生产和生活的性质发生了改变，而且社会环境也发生了巨大改变，即从熟人社会进入陌生人社会，在熟人社会所赖以发挥作用的血缘、地缘关系逐渐失去了作用。在城市就业内在地要求农民工树立法律意识、证据意识、时效意识，以便提高维权能力。同时，政府及社会各界也要在农民工待遇保障、工资清理、工伤救济等方面发挥作用。

三　推进基础设施与公共服务优化是县域城镇化的依托

基础设施是城市正常运行的基础和承载，县域城镇化首先要完善城镇供水、供电、公共交通、污水处理、市容绿化美化、通信等硬性基础设施建设，满足城市生产和群众生活方面的基本支撑；其次要建设博物馆、展览馆、民俗文化馆、影剧院、歌舞厅等相对软性的基础设施，满足群众对精神生活的全面追求。全面推动县域城镇化从外延式发展向内涵式发展改进。我国社会主要矛盾已经改变，人们对美好生活的追求更加强烈，基础设施的建设也要与时俱进。

县域城镇化要保障农民工及其家属生存下来，并且生活质量不断提高，除了必要的产业基础外，良好的公共服务也是重要的保障条件。

首先，要全面推进教育均等化发展，实现教育平等。从宏观的角度来看，教育是党之大计、国之大计，对中华民族伟大复兴具有决定性意义；从微观的角度来看，教育是一个家庭摆脱贫困、实现富裕的根本出路。随着社会的不断进步和产业结构的不断调整，没有一定的教育经历的人将越来越难以找到归属，甚至难以适应社会。从现实的角度来看，随着大量农业转移人口进入县城，城区现有的教育资源确实面临巨大的压力。因此，一方面要继续加大对教育领域的投资，另一方面则要全面平等地保障农业转移人口享有优质教育资源的机会。

其次，要构建城乡融合的医疗体系，方便群众就医。构建以村卫生室为基础、镇卫生院为枢纽、县医院为龙头的农村三级医疗卫生服务网。通过上级医院对镇卫生院和村卫生室的人员培训、挂职锻炼与兼职诊疗，充实基层的医疗力量，从而更好地保障居民看得上病、看得起病，真正实现"大病不出县、小病不出村"的目标。

再次，要构建城乡兼顾的养老体系，应对老龄化的持续加深。《中国统计年鉴2020》数据显示，截至2019年末，中国60岁及以上老年人口达到2.54亿人，占总人口的比例为18.1%；65岁及以上老年人口达到1.76亿人，占总人口的比例为12.6%。预计"十四五"期间，我国老年人口将超过3亿人，从轻度老龄化进入中度老龄化阶段。实际上，青年人更倾向于流向大城市，因此农村老龄化、县域老龄化的程度更高。老龄化社会的到来与城镇化的快速推进对传统养老方式造成了很大的冲击。因此，一方面要继续强化家庭养老的基础地位；另一方面要依托社区，培育邻里互相照料、老年人抱团养老的互助养老方式。此外，还要积极建设各类养老机构，从而对居家养老、社区养老方式予以补充和兜底。

最后，要建立覆盖不同收入群体的多元化住房供给体系，满足农业转移人口"居者有其屋"的基本要求。构建多元化的住房供给体系，可以有效满足农业转移人口的住房需求。从政府的角度来讲，要鼓励开发共有产权住房、经济适用房、廉租房、限价房等多种房源，逐步将农民工纳入城镇保障性住房的覆盖范围，满足低收入群体的居住问题，但要严格申报条件和审核程序，确保保障性住房公平、公正和透明。同时，要加大对城镇棚户区和城中村改造的政策支持力度，改善城市原有居民的居住条件和人居环境。从市场的角度来看，要坚持"房子是用来住的，不是用来炒的"定位，控制投资性炒房带来的房价畸高，严格购房条件和房贷条件，保障房价的基本稳定。同时，要根据市场购买力的层次性，有针对性地推出多户型的房源，从而满足农业专业人口对住房的多元需求。

四　推进体制机制创新是县域城镇化的保障

首先，要打破阻碍劳动力自由流动的藩篱，发挥市场在劳动力资源配置中的决定性作用。一方面，要通过户籍制度改革，配套公共政策措施，建立和完善城乡统一的劳动力市场，发挥市场在劳动力资源配置中的决定性作用；另一方面，要打破地域壁垒，培育与保障各省域之间一体化、协同化、自由化的劳动力自由流动市场机制。通过两个方面的结合，促进农村剩余劳动力在城乡间、地区间的流动，小城市完全可以放开，县城则要"敞开城门"，让农民"自由进城"。要实现进城农民工与市民在劳动报酬、子女就学、公共卫生、住房租购以及社会保障等方面的平等权，让符合条件的农业转移人口逐步市民化，促进城乡一体化发展。

其次，要构建科学合理的农民工市民化的成本分担机制，强化县域城镇化中的财政制度改革。城镇化的推进需要大量的资金予以支持，除了上级转移支付以外，还要广泛吸纳社会资本参与农业人口市民化过程，既盘活大量闲置的社会资本，也有效缓解政府的财政困难或者融资困难。支持、鼓励、吸引社会资本进入中小城市进行公共服务提供与基础设施建设，让转移人口平等享受子女教育、医疗、养老、技能培训等基本公共服务，利用社会资本的投入提升中小城市城镇化发展速度和发展质量。

再次，要完善土地流转机制，盘活农村土地资源。城镇化是一个自然历史过程，是不以人的意志为转移的普遍规律。在城乡比较收益的驱使下，大量农业人口转入城市，导致大量耕地被抛荒。抛荒的原因一个是农业比较收益的差别，另一个则是户均耕地面积太小难以实现规模化生产。抛荒的土地不仅严重影响我国国家安全，其实对于农业转移人口来说也是一笔损失。因此，积极推进土地三权分置原则，在坚持土地公有制的前提下，农户拥有转租权和收益权，承租人则获得使用权。既为农户保障了一笔财产性收益，又使碎片化的土地得以集中连片地推进规模化生产和集约化生产，从而获得更高的收益。

最后，要健全和完善县域社会治理机制，推动治理体系和治理能力现代化。县域是我国最基本的行政单位，也是最广泛的地理单元。在城镇化的推进过程中，夹杂着传统与现代、政府与市场、德治与法治、熟人与陌生人、工业与农业、城市与乡村等多元的关系。通过自治、德治、法治的有机整合，发挥治理合力，才能保障县域城镇化的顺利进行。

第三节　坚持城市群主体形态是实现城市规模体系均衡发展的有效载体

根据第五章的实证分析，无论是齐普夫指数、城市首位度还是基尼系数，均不存在空间效应。其潜在的意义在于，在市场经济发展和区域经济一体化的情况下，城市之间的内在联系可能反映在毗邻的、经济互动更为频繁的城市群内部，而基于行政区划内部的城市可能并不能真实反映城市之间的关系。因此，促进大中小城市规模的均衡发展，应立足城市群这一城镇化的主体形态，通过大中小城市合理的职能分工、产业分工与空间分工，实现城市规模体系的均衡发展。

关于"城市群"的概念，学界普遍认可法国地理学家戈特曼

（Jean Gottmann）于 1957 年在其著名论文 "Megalopolis or the Urbanization of the Northeastern Seaboard" 中所描述的，美国大西洋沿岸北起波士顿、纽约，南到华盛顿，是一条长约 970 千米、宽 50~160 千米的巨型城市带，它具有"核心区域构成要素的高密集型和整体区域的星云状（Nebulous）结构"，是城市功能地域连绵不断的区域（Gottmann，1957）。

从城市群的形成、演变和发展来看，尽管有政府的宏观规划与布局，但归根到底是一定区域内各城市之间在市场经济内生机制作用下形成的城市功能分工、产业分工的有机联系的城市体系。顾朝林等（2007）认为城市群是城市和经济发展到一定阶段所形成的在特定区域范围内以一个或多个中心城市为核心的组团式城市空间集合体，是摆脱了行政区划束缚的一种新型区域发展模式。该定义除了强调城市群是城市空间集合体外，尤其强调了城市群对行政区划束缚的摆脱。

综观中外城市体系及区域经济发展的历史，区域发展是逐渐从卫星城市到中心城市、都市圈、城市群的不断高级化的过程，城市群是城镇化发展到较高阶段的产物。随着城镇化水平的提高，城市空间规模不断扩大，相邻城市的空间距离变得越来越近。城市群是在特定地域范围内，不同性质、类型、等级、规模的城市以一个或两个超大或特大城市为核心，依托一定的自然环境条件，借助交通运输网络和发达的信息网络体系组成的一个相互制约、相互依存的统一体（姚士谋等，2016）。

从发达国家城镇化的历史和现状来看，当城镇化发展到一定阶段后，都市圈将成为城镇化进程中的重要形态。由于在集聚经济和规模经济效应上的优势，大都市圈越来越成为国家和地域经济的重要增长极。例如，美国大纽约区、五大湖区、大洛杉矶区三大城市群的经济贡献占美国的 67%，日本大东京区、阪神区、名古屋区三大城市群的经济总量则占日本经济总量的 70%（蔡继明、周炳林，

2007）。中国的城市群更是以 25% 左右的国土面积，集中了全国 75% 的总人口，承载了 88% 的经济总量（唐保庆等，2018）。

在我国的 19 个城市群中，东部地区长三角、珠三角和京津冀三大城市群的发展尤其突出，有力地带动了东部沿海乃至全国的发展，成为经济发展的重要增长极，也是未来经济发展格局中最具活力和潜力的地区。

城市群作为城镇化的主体形态，反映了城镇化发展的普遍规律。城市群通过其内部城市的功能分工与产业分工，可以有效发挥核心城市的增长极作用，发挥中等城市的链接作用以及外围城市的基底作用，无疑是实现城市规模体系均衡发展的重要途径。实际上，党的十九大报告也明确提出要以城市群为主体，构建大中小城市和小城镇协调发展的城市格局。

一 推动城市群基础设施互联互通是城市群健康发展的依托

基础设施互联互通是城市群产生、发展和成熟的必要条件。作为区域经济一体化的空间载体，城市群本身需要多元便捷的交通网络、信息网络、能源网络、资源网络的支撑与传输，从而促进人流、物流、信息流、能源流、资源流及资本流在城市群内进行便捷快速的流转，进而促进经济的集聚或扩散，实现人尽其才、物尽其用，让有利的商机迅速得以捕捉与实现。

首先，城市群的基础设施规划要长远。无论是国家主体功能区规划还是新型城镇化规划方案，都将城市群作为我国城镇化的主体形态。从长远来看，城市群在促进区域经济一体化和优化城镇化空间布局中的作用越来越明显。因此，作为城市群的空间支撑，城市群的基础设施建设一定要具有前瞻性，要提高基础设施建设的长期有效性和满足性。

其次，要打破行政区划限制。城市群作为区域经济一体化的产物，本身具有市场配置的自发性和内生性。因此，对城市群的基础设施规划也要体现区域经济一体化的内在属性，打破行政区划限制。城市群一般跨越几个省级行政区域，对毗邻区域的行政规划一定要客观体现内在需求。既要布局核心城市与周边城市的放射状交通网络，也要布局同级城市之间的环线交通网络。在公路方面，要着眼于打通区域之间的"断头路"，加快城市群内跨区域不同等级公路的连接，推动人口、产业沿轨道交通、高速公路、市域铁路等交通廊道分布，引导各类要素资源在空间上合理配置；在轨道方面，要在与国家高铁及轨道建设对接的前提下，加快都市圈范围内的市域（郊）铁路等轨道基础设施建设，推动城市群内部的同城化、轨道化。

最后，要加快新一代通信基础设施建设，为智慧城市群赋能。城市群与信息化是一个良性互动的过程。徐君等（2013）认为，信息化是城镇化向高级阶段发展的必然现象，新型城镇化是信息化的外在物质表现。胡若痴（2014）认为，信息化是新型城镇化及其目标实现的重要途径，新型城镇化为信息化自身发展及其与工业化融合搭建了平台。德内拉·梅多斯等（2014）认为，信息化为打破单要素、孤立行业、精英需求在经济区城镇化协调发展中的极限，发挥信息机制，让信息激活并惠及经济区城镇化的各要素，其核心为经济区城镇化元素的全信息化，即经济区城镇"一元制"信息化。智慧城市群作为城市群发展的高级阶段，其发展要素及构建基础与传统城市群相比也存在差异，智慧城市群的构建更注重智慧设施、智慧平台、智慧政务等提升生产生活效率的技术化手段，以及由此带来的突破传统地理空间条件、强化城市之间联系的城市群结构特征。要通过加快城市群新一代通信基础设施的全面建设，以互联网为基础，建设都市圈治理综合数据平台，加强各地区、各类数据资源的整合和综合利用，大力推动以互联网为基础的"智慧城市群"运用，共同探索建立城市群"区域大脑"。加快城市群智慧经济、智慧治理、智慧交通、智慧医疗，促进城市之间实现更高效的协调合作，为城市群科学决策提供支撑，推进区域一体化进程（杨励宁，2020）。

二　建立完善城市群发展协调机制是城市群健康发展的保障

首先，要建立和完善规划协调机制。城市群的空间范围往往跨越了几个省级行政单位，因此无论是产业规划、交通规划还是环境治理规划，都需要构建超越省级单位的协调机制。加强规划引领，建立统一的国土空间规划体系，并在国土空间规划体系下做好都市圈规划编制，建立统一的规划管理信息平台，实现不同规划之间的有机衔接。

其次，要完善都市圈突发公共事件联防联控机制。随着工业化、城镇化的推进，城市群正在成为"风险社会"的集中爆发地。无论是重大突发性公共事件、重大灾害性天气还是重大交通事故、重大刑事犯罪等，都需要政务服务互联互通，共同制订重大事件应对预案，不断提升都市圈应对风险挑战的能力和协同治理能力，推动城市群政策协同机制、治理协同、信息共享以及监管协同机制的全面发展。

最后，要积极完善跨区域生态补偿机制建设。全国层面和省级层面有主体功能区规划，城市群层面也应该有主体功能区规划。城市群既有核心城市金融业、服务业的高度发展，也有中间圈层的工商业配套，还需要外围地区的环境绿化、水源地保护、生态屏障构建等，而这些生态保护措施往往具有明显的外部性和公共产品属性。因此，要设立城市群生态治理和保护基金，创新补偿方式，建立排污权交易统一平台，就区域生态保护和环境协同治理提供资助和奖励，以绿色产业或项目化方式实现利益协调，在更大范围内加强对主要污染物排污权指标的管理。

三　强化城市之间职能的合理分工是城市群健康发展的本质要求

首先，合理分工是城市群发展的本质要求。都市圈的实质是经济一体化，重点是产业分工，推进都市圈建设要深化产业分工和加快经济一体化。针对中国都市圈发展普遍存在的城市之间产业结构雷同、关联度较低的问题以及城市体系失衡的现状，要明确都市圈中城市之间的功能定位，基于产业链互补、市场互补、功能互补等原则形成合理高效的城市分工体系（辜胜阻等，2010）。2019 年 2 月，国家发展改革委印发的《关于培育发展现代化都市圈的指导意见》进一步提出了城市群是支撑全国经济增长、促进区域协调发展、参与国际竞争合作的重要平台。同年 8 月，中央财经委员会要求各级政府在推进城市群建设进程中按照客观经济规律调整完善区域政策体系，根据各地区的比较优势，走合理分工、优化发展的路子，促进各类要素合理流动和高效集聚，完善空间治理，形成优势互补、高质量发展的区域经济布局。因此，合理分工成为推进城市群建设的重要手段，城市群的成长有利于实现区域协调发展的目标。作为中国重要的战略性区域，城市群现阶段寻求高质量发展的关键在于推动大中小城市协调均衡发展（侯杰、张梅青，2020）。

其次，推动核心城市的转型升级是城市群发展的关键。城市群之所以能够形成、发展与壮大，与核心城市的产业转型升级息息相关。从大的产业升级的角度来看，按照配第-克拉克定律，随着经济的发展，经济结构的比重由"一二三"向"二三一"，再向"三二一"转变，即随着经济的不断发展，无论是产值比重还是就业比重，都伴随第一产业比重逐渐下降、第三产业比重逐渐上升的过程。从这种意义上来说，城市群的核心城市不仅要遵循这样的产业递进规律，而且要引领城市群的产业升级。推动核心城市的转型升级，以战略性新兴产业以及现代服务业的培育和发展为契机，发挥增长极的示范效应和辐射作用，提升都市圈的整体实力和竞争力。核心城市尤其要扮演产业的科技研发、品牌推广、信息整合、资本融通等角色，发挥信息枢纽、资本枢纽、品牌枢纽、资源整合枢纽的作用。

再次，推动城市群的健康发展，即要理顺核心城市与外围城市的纵向关系，也要理顺同一级城市之间的横向关系。从纵向关系来看，城市群中心城市的产业应逐渐向高端化发展，形成以生产性服务业与高端制造业为主的产业结构。重点发展科技研发、金融服务、商务会展等生产性服务业，促进生产性服务业与高端制造业的深度融合。周边城市应充分利用"成本洼地"的优势，优化营商环境，合理规划优势产业，积极主动承接中心城市转移产业，形成具有地方特色和优势的产业集群，并与核心城市的产业配套相衔接（尚永珍、陈耀，2020）。从横向来看，大都市圈内部同一层级的各个城市也要依据圈内一定的产业关联，立足自身的特定优势，围绕产业链条上的特定环节，做大做强特色产业，进而形成城市之间分工合理、联系紧密的网络关系。

最后，在城市群发展过程中，除了各城市间在产业分工方面需要明确外，还要明确各城市生态功能、社会功能与经济功能方面的分工。实际上，城市群是一个经济共同体，也是一个社会共同体和生态共同体。因此，城市群内的功能划分还要考虑粮食安全、蔬菜水果供应、生态保护、饮用水安全等。在系统谋划城市群各城市的功能定位过程中，要系统考虑城市群内各城市在产业升级、粮食供应、生态屏障、水源地建设等方面的职能分工。

四　发挥市场在资源配置中的决定性作用是城市群健康发展的内生动力

首先，成熟的城市群充分反映了市场经济在资源配置中发挥的决定性作用，从而形成城市群内各城市之间在产业、功能方面的有机分工与无缝对接。要重视市场在资源配置中的基础性作用，增强都市圈的内生发展动力。都市圈发展演进的基本动力来源于各种活跃的经济要素，在没有产业基础或者只是简单的产业空间集聚的情况下，由行政主导盲目推进都市圈进程的做法会使都市圈缺乏可持续运转的基础。以长三角为例，长三角都市圈突破性发展的主要动力来自市场的力量，对于江苏而言就是大规模引进外资后所形成的面向国际市场的外向型经济，对于浙江而言就是活跃的民营经济，而上海的开放给了跨国公司在全球范围内重新布局的机会，多元而强大的市场主体促进了区域经济的高速成长。未来都市圈的发展要努力培育市场竞争主体，发挥市场力量配置资源的决定性作用（辜胜阻等，2010）。

其次，建立统一的要素和产品市场，是发挥市场机制在城市群一体化进程中作用的基础。市场机制是推动城市群一体化发展的内在驱动力，最终目标是通过市场作用的发挥，实现要素、资源、产品等自由流动，引导劳动力、资本等生产要素合理分布，消除资源错配。因此，在推动统一市场的过程中，应当以国内大循环为主体，把建立统一的要素和产品市场作为首要任务，消除区域性、城乡之间可能存在的要素和产品歧视，以企业和居民为主体，引导各类生产要素和产品形成有序的空间布局，优化城镇体系结构（林永然，2020）。

再次，构建统一的政策和竞争规则体系，是推进城市群市场化的前提。市场经济是契约经济、诚信经济和法治经济。有效激发市场主体的内在活力，需要公平竞争的市场环境、优胜劣汰的自然法则，以及诚实劳动、合法经营的基本素养。因此，发挥市场在资源配置中的决定性作用，并不是要否定政府的作用，而是要在有限政府的前提下，建立有为政府和有效政府。对于城市群来说，就是要构建统一的政策和竞争规则体系，加快地区间市场化改革进程，最大限度地消除企业、劳动力在市场转入中存在的因地方保护主义而发生的行政性扭曲行为。城市群内各城市还需要不断优化营商环境，推进区域政策协同，优化政府服务，简化跨区域投资审批流程，更好地维护市场竞争规则的良好运行。

最后，完善市场联合监管体系建设，是市场经济健康运行的保障。从某种意义上来说，市场经济的运行既是政府权力让渡的结果，也是有效的政府监管的结果。单纯的市场经济，包含市场失灵、假冒伪劣、坑蒙拐骗、信息失灵、公共产品、柠檬市场等多重困境，而政府的有效监管则是市场发挥资源配置决定性作用的必要保障。无论是市场主体的设立还是市场行业的准入，抑或是市场的良好运行，都离不开政府广泛的监督。此外，市场经济的正常运行也需要政府对市场主体的征信管理、对基于创新的知识产权保护、对虚假信息的管控等，从而建立城市群良好、有序、统一的市场体系，最大限度地发挥要素、技术、资本等资源的价值，从而不断吸引外部企业进入，形成一体化发展的内生动力。

第四节　推动人口城镇化与土地城镇化协调发展是实现城市规模体系均衡发展的必然要求

城镇化实际上是一个有机整体，既包括人口城镇化，也包括土地城镇化。人口城镇化的动力既有来自农村的"推力"，也有来自城市的"拉力"，但归根到底是工业化和生产力发展的必然结果。

工业化或者生产力的发展首先推动农业生产力的提高，从而产生了剩余劳动力和剩余农产品。通俗地讲，就是生产力的发展，只需要少数的人就足以养活所有的人口。这样农村的剩余劳动力就需要迁往城市，获得更高的人力资本回报和更好的城市文明。在这一过程中，第二产业和第三产业的发展需要占用大量的土地资源，部分耕地或者林地就变成了城市建设用地，由于更多的人口迁往城市，也就需要更多的建筑用地。因此，从理论上来说，人口城镇化和土地城镇化应该是同步的，也应该是平衡的。

土地城镇化快于人口城镇化时，导致的结果是"化地"不"化人"，我们所看到的一些开发区和新城区的规划，由于产业发展滞后，人口就业带动作用有限，出现了"鬼城"或者"空城"；人口城镇化快于土地城镇化时，城镇发展空间紧张，导致房价畸高、交通堵塞、城市拥挤、环境恶化。

就我国的实际情况来看，学界的共识是中国的土地城镇化快于人口城镇化。从前文的分析来看，土地规模体系的各个指标也可以反映这个问题。无论是齐普夫指数还是城市首位度（二城市指数、四城市指数和全城市指数），抑或是城市均衡系数（基尼系数、HH指数和离散系数），均高于人口规模体系的相应指标。

土地城镇化快于人口城镇化除了导致城市无序蔓延或者出现"鬼城"现象外，还有更加严重的影响。一方面，土地城镇化的快速推进导致耕地面积迅速减少，18亿亩耕地红线的守护任务非常严峻；另一方面，土地城镇化的快速推进导致大量林地、湿地及草原被占用，对生态环境的压力也非常大。除此之外，土地城镇化引发的社会矛盾也不容忽视。

因此，推动人口城镇化与土地城镇化协调发展的重点是控制土地城镇化过快发展，多策并举抑制建设用地无序蔓延，逐渐与人口城镇化实现平衡。

一　多元配套的制度安排是控制土地城镇化无序扩张的保证

首先，要坚持三条红线的约束制度，编制"多规合一"的国土空间规划。如前文所述，无论是城镇化建设还是生态保护，抑或是农业生产，都要遵循一定的主体功能区规划。而科学划定城镇开发边界、永久基本农田、生态保护红线三条控制线则是对各种主体功能区规划的约束性规划，也是具体各种功能区布局的依据和基础。城镇开发边界的限定为城市规模的扩张确立了不可逾越的界限，从而避免了城市面积的无序蔓延，也避免了城市发展对耕地和生态用地的侵蚀；永久基本农田的划定不仅为基本的粮食安全划定了保护罩，而且永久基本农田或者耕地的保护本身承载着重要的生态保护、社会稳定职能；生态保护红线的划定则有助于在防风固沙、涵养水源、净化空气等方面为城镇化发展提供永续利用的自然本底。最终实现生产空间集约高效、生活空间宜居适度、生态空间山清水秀的"三生空间"。

其次，要推动土地政务公开，完善社会监督和舆论监督。城市面积的无序扩张，在一定程度上体现了监督机制的缺失。要发挥监督机制的作用，就必须推进政务公开，保障社会各界的知情权、参与权与监督权。因此，各级土地行政机关既要主动公开土地规划程序、规划内容、规划执行情况，也要主动公开相关地块的出让方式、出让价格、土地用途等。土地政务公开，既可以减少土地开发利用中的贪污腐败问题，也可以促进社会各界对土地开发利用的监督。除了继续发挥人大、政协等权力机关的监督作用外，还要充分发挥舆论监督、网络监督与社会监督的作用，保证社会公众获得知情权、参与权与监督权，促进土地利用行为的合法化、规范化，提升土地利用的集约、节约水平。

再次，要健全平等的产权保护制度，提高土地征收的成本。土地财政之所以成为一种令人关注的形象，除了分税制带来的地方政府财权上收、事权下放的原因外，在很大程度上是因为二元土地市场带来的巨大的土地差价引发的征地冲动。建设城乡统一的土地大市场，实现"同地同权同价"，是推进城乡土地市场一体化的主要原则和方向（陈坤秋、龙花楼，2019）。建设城乡统一的土地大市场，应在完善集体经营性建设用地入市制度的基础上，实现与国有土地同等权益和共同市场。一方面，可以公平有效地保护农民的土地财产性收益；另一方面，可以通过提高征地成本来抑制城镇土地扩张。

最后，要健全严格的土地征收程序，规范政府征收行为。无论是出于公益性目的的征收行为还是出于商业性目的的征收行为，农民个体很难与政府或者开发商进行真正平等意义上的谈判。因此，应采取切实措施尊重和保护各产权主体，确立农民平等的谈判地位。通过制定统一的关于城乡土地征收的法律法规，明确征收的前提

"公共利益" 所指，将征收的条件、程序、补偿机制、争议解决途径等进行明确规定，从而规范政府的征收行为。

二　科学合理的激励与财税体制是土地城镇化健康发展的基础

首先，土地财政的持续增长不仅不可持续，而且蕴含较大的金融风险与社会危机。从政府土地出让金的角度来看，1999 年政府土地出让金收入为 514 亿元，20 年后的 2019 年政府土地出让金收入为 7.2 万亿元，后者约是前者的 140 倍，同时期的全国财政收入与财政支出仅分别增长了 15.64 倍和 17.11 倍。从土地出让金收入占地方财政总收入的比重来看，1999 年土地出让金收入占地方财政总收入的比重为 8.14%，占公共预算收入的比重为 9.19%，2019 年这两个比重分别达到 41.77% 和 71.74%，可见 20 年来地方政府对土地财政的依赖总体日益增强，出现了所谓的土地财政。此外，地方政府通过征用、开发和出让等行为也带动了建筑、房地产等相关产业的蓬勃发展，从而推动了地方税源的增加、税基的扩大与税收的增加（辛冲冲等，2021）。由于城市建设用地的指标是有限的，可以用来出让的土地越来越少，因此土地财政不具有可持续性。另外，土地财政的过度增长也具有巨大的金融风险。

其次，要坚持新理念，发挥激励机制的导向作用。在经济新常态下，基于资源环境约束与人口老龄化进程，我国经济发展从追求高速度发展向高质量发展转变。中央政府对地方政府的考核不再局限于 GDP 单一指标，而是一个基于结构优化、增速适度与创新驱动的综合考核体系，对科学发展、合理开发土地的地方政府予以奖励，从而减少地方政府为 GDP 竞争而大规模地无序开发利用土地的现象。对行政官员的调任或者升迁，都需要进行自然资源资产离任审计；对地方政府违规开发利用的土地行为，中央政府应该果断执行相应的惩罚措施。同时，还应强化地方政府的绩效观念，避免陷入 "以公共服务为主导" 的绩效考核机制下地方政府只顾投入、不问产出、不问效果的有偏行为，加强对地方政府此种行为的约束与问责，建立、健全可行的长效监督与奖惩机制（辛冲冲等，2021）。

最后，要加快财税机制改革，打破土地财政依赖。地方政府对土地财政的依赖，在很大程度上是由事权与财权不对称造成的。分税制改革以来，财权上收、事权下放，地方政府的财政支出压力明显上升。因此，要划分好中央和地方财政的支出责任，实现事权与财权的良性互动。从事权划分改革来说，就是要明确划分中央与地方以及省级及以下地方政府的事权范围和承担的支出责任，对于一些具有明显外溢性的跨区域公共服务的事权，应该由上一级政府负责完成并承担支出责任。缓解低层级政府以往过度被动承担的过多公共服务提供责任，使共同事权和责任在政府间更加清晰和合理，降低地方政府的财政支出压力。在部分事权上收的同时，中央可适度下放部分财权，可考虑建立以共享税为主体的收入划分模式，以稳定地方财源，保障其可支配财力。此外，还应加快完善地方税收体系，尽快推进房产税、资源税、环境税改革，研制相关改革方案，培植地方政府主体税种，充实地方可用财力（辛冲冲等，2021；杨润渤，2021）。

三 提升土地集约利用水平是土地城镇化健康发展的关键

首先，要梳理存量土地资源，挖掘内涵式开发潜力。从城镇土地建筑容积率来说，要鼓励项目积极拓展地上和地下空间，提高城镇土地利用效率与集约程度。对于城镇化潜力大而建设用地紧缺的地区，一方面要注重调整功能布局；另一方面要确保在耕地数量不减少、质量不退化的前提下，积极进行跨区域的占补平衡。对于城镇化推进导致的村落空心化以及部分老宅废弃化现象，要积极引导村民集中居住，并对部分废弃老宅和村庄空心化地块进行土地整理，为城镇建设用地置换一定的用地指标。对于城市内部的建设用地来说，在严控增量的前提下要优化存量建设用地，加快推进城市低效用地再开发和城镇存量空间高效利用。

其次，要将城市边界与常住人口、新增农业转移进城落户人口相挂钩。土地城镇化之所以快于人口城镇化，就是因为土地城镇化更多地与 GDP 直接挂钩。一方面，进入城市的人口越多，政府需要承担的基础设施和公共服务成本越高；而进入的企业越多，政府的税源越广、税基越大。因此，客观上地方政府更愿意以低价的形式出让工业用地，从而吸引投资并最终进行税基竞争，忽视农民工市民化进程而节约公共服务成本，导致土地城镇化快于人口城镇化。另一方面，城市建设和公共服务需要政府投入大量的资金，而且在城镇建设用地总量固定不变的情况下，低价或者免费出让工业用地导致商业用地和居住用地面积减少，只能以高价出让商业用地和居住用地获得城市建设资金，由此导致的高房价造成了对农民工的排斥。因此，应该摒弃重空间城镇化、轻人口城镇化的片面发展理念，通过城镇建设用地与人口城镇化挂钩机制，促进人口、经济、社会城镇化全面发展，提升城镇化综合发展水平与实力。

最后，要将提高土地集约利用水平与产业结构优化结合起来。提高土地集约利用水平是土地城镇化健康发展的关键。通俗地讲，提高土地集约利用水平就是在同样的 GDP 下占用更少的土地资源。要坚持创新、协调、绿色理念，坚持供给侧结构性改革，推动城镇产业从低附加值向高附加值转型，从传统产业向战略性新兴产业和现代服务业转型，从要素驱动、投资驱动向创新驱动转变，促进城镇产业的规模化、集约化，提升城镇化演进的质量与内涵。实行差别化土地利用政策，调控土地供应结构，优先支持战略性新兴产业发展，严控低水平或重复建设及房地产用地，提升土地利用效率。

参考文献

〔英〕埃比尼泽·霍华德:《明日的田园城市》,金经元译,商务印书馆,2000。

蔡继明、周炳林:《以大城市为依托加快城市化进程》,《经济学动态》2007年第8期。

曹笑笑:《陕西省城市规模Zipf法则检验及其影响因素》,西北大学硕士学位论文,2012。

曹跃群、刘培森:《中国城市规模分布及影响因素实证研究》,《西北人口》2011年第4期。

陈俊生:《基于水资源角度的城市规模研究》,中南大学硕士学位论文,2009。

陈坤秋、龙花楼:《中国土地市场对城乡融合发展的影响》,《自然资源学报》2019年第2期。

陈涛、李后强:《城市空间体系的Koch模式》,《经济地理》1994年第3期。

陈彦光:《城市体系KOCH雪花模型实证研究——中心地K_3体系的分形与分维》,《经济地理》1998年第4期。

陈彦光、胡余旺:《城市体系二倍数规律与位序−规模法则的等价性证明》,《北京大学学报》(自然科学版)2010年第1期。

陈彦光、况颐:《城市规模分布的Weibull模型:理论基础与实证分析》,《华中师范大学学报》(自然科学版)2003年第4期。

陈彦光、刘继生：《城市规模分布的三参数 Zipf 模型——Davis 二倍数规律的理论推广及其分形性质的实证分析》，《华中师范大学学报》（自然科学版）2000 年第 1 期。

陈勇、陈嵘、艾南山、李后强：《城市规模分布的分形研究》，《经济地理》1993 年第 3 期。

陈玉、孙斌栋：《京津冀存在"集聚阴影"吗——大城市的区域经济影响》，《地理研究》2017 年第 10 期。

〔美〕德内拉·梅多斯、乔根·兰德斯、丹尼斯·梅多斯：《增长的极限》，李涛、王智勇译，机械工业出版社，2014。

段瑞君：《中国城市规模及其影响因素研究——来自 284 个地级以上城市的经验数据》，《财经研究》2013 年第 9 期。

盖赛哲：《京津冀城市体系规模结构的合理性研究》，河北大学硕士学位论文，2016。

高鸿鹰、武康平：《我国城市规模分布 Pareto 指数测算及影响因素分析》，《数量经济技术经济研究》2007 年第 4 期。

辜胜阻、李华、易善策：《均衡城镇化：大都市与中小城市协调共进》，《人口研究》2010 年第 5 期。

顾朝林：《中国城镇体系等级规模分布模型及预测》，《经济地理》1990 年第 3 期。

顾朝林、于涛方、刘志虹、解宇、唐万杰：《城市群规划的理论与方法》，《城市规划》2007 年第 10 期。

侯杰、张梅青：《城市群功能分工对区域协调发展的影响研究——以京津冀城市群为例》，《经济学家》2020 年第 6 期。

胡若痴：《以新型城镇化推动城乡一体化的马克思主义理论分析》，《河北经贸大学学报》2014 年第 6 期。

胡玉敏、踪家锋：《中国城市规模的 Zipf 法则检验及其影响因素》，《未来与发展》2010 年第 1 期。

黄溶冰：《领导干部自然资源资产离任审计评价指标体系构建》，

《湖湘论坛》2020年第3期。

冷智花、付畅俭：《工业化促进了城市扩张吗》，《经济学家》2016年第1期。

林永然：《中原城市群一体化发展水平的测度与推进路径研究》，《统计理论与实践》2020年第11期。

刘爱梅：《我国城市规模两极分化的现状与原因》，《城市问题》2011年第4期。

刘妙龙、陈雨、陈鹏、陈捷：《基于等级钟理论的中国城市规模等级体系演化特征》，《地理学报》2008年第12期。

陆铭、向宽虎、陈钊：《中国的城市化和城市体系调整：基于文献的评论》，《世界经济》2011年第6期。

罗湖平：《湖南省城市体系的结构演变及结构特征研究》，湖南大学硕士学位论文，2006。

戚伟、刘盛和：《中国城市流动人口位序规模分布研究》，《地理研究》2015年第10期。

全国人大财政经济委员会、国家发展和改革委员会编写《2016~2020〈中华人民共和国国民经济和社会发展第十三个五年规划纲要〉解释材料》，中国计划出版社，2016。

饶会林等：《现代城市经济学概论》，上海交通大学出版社，2008。

尚永珍、陈耀：《城市群内功能分工有助于经济增长吗？——基于十大城市群面板数据的经验研究》，《经济经纬》2020年第1期。

盛科荣、金耀坤、纪莉：《城市规模分布的影响因素——基于跨国截面数据的经验研究》，《经济地理》2013年第1期。

宋丽红：《中国省域城市规模体系研究》，燕山大学硕士学位论文，2013。

谈明洪、李秀彬：《20世纪美国城市体系的演变及其对中国的启示》，《地理学报》2010年第12期。

唐保庆、邱斌、孙少勤：《中国服务业增长的区域失衡研究——知识产权保护实际强度与最适强度偏离度的视角》，《经济研究》2018年第8期。

王放：《中国城市规模结构的省际差异及未来的发展》，《人口研究》2002年第3期。

王士君、冯章献、刘大平、张紫雯：《中心地理论创新与发展的基本视角和框架》，《地理科学进展》2012年第10期。

王振波、方创琳、胡瑞山：《中国城市规模体系及其空间格局Zipf-PLE模型的评价》，《地球信息科学学报》2015年第6期。

魏守华、周山人、千慧雄：《中国城市规模偏差研究》，《中国工业经济》2015年第4期。

〔德〕沃尔特·克里斯塔勒：《德国南部中心地原理》，常正文、王兴中等译，商务印书馆，1998。

谢晓波：《区域经济理论十大流派及其评价》，《浙江经济》2004年第23期。

辛冲冲、徐婷、周菲：《被动之举还是主动为之——基于纵向财政不平衡与地区竞争对土地财政依赖影响的再解释》，《经济学家》2021年第4期。

徐君、张娜、王育红：《"新四化"协同发展倍增效用分析》，《资源开发与市场》2013年第12期。

徐正元：《中国城市体系研究》，《中等城市经济》2000年第1期。

许学强：《我国城镇规模体系的演变和预测》，《中山大学学报》（哲学社会科学版）1982年第3期。

许学强、周一星、宁越敏编著《城市地理学》，高等教育出版社，1997。

薛飞：《中国城市规模的Zipf法则检验及其影响因素》，厦门大学硕士学位论文，2007。

严重敏、宁越敏：《我国城镇人口发展变化特点初探》，载胡焕庸等《人口研究论文集》，华东师范大学出版社，1981。

杨励宁：《智慧城市群的范围界定及其发展机制研究——以长三角城市为例》，南京大学硕士学位论文，2020。

杨润渤：《财政分权、政治晋升与土地财政——基于中国 279 个地级市面板数据的研究》，《河北大学学报》（哲学社会科学版）2021 年第 2 期。

姚士谋、张平宇、余成、李广宇、王成新：《中国新型城镇化理论与实践问题》，《地理科学》2014 年第 6 期。

姚士谋、周春山、王德等：《中国城市群新论》，科学出版社，2016。

叶浩、庄大昌：《城市体系规模结构研究的新方法——位序累积规模模型》，《地理科学》2017 年第 6 期。

〔美〕伊利尔·沙里宁：《城市：它的发展、衰败与未来》，顾启源译，中国建筑工业出版社，1986。

曾思敏、陈忠暖、方远平：《广东省城市规模 Zipf 法则检验及其影响因素分析》，《云南地理环境研究》2009 年第 6 期。

张化楠、葛颜祥、接玉梅：《主体功能区生态补偿机制研究综述》，《科技和产业》2019 年第 7 期。

张莉、陆玉麒：《基于可达性的中心地体系的空间分析》，《地理科学》2013 年第 6 期。

张玉周：《新型城镇化的区域空间布局优化研究——基于河南的实证分析》，《中州学刊》2015 年第 3 期。

郑萍：《新型城镇化背景下农民工公共就业服务研究》，《产业与科技论坛》2016 年第 22 期。

周健：《基于生态承载力的西北内陆河流域城市规模研究》，西北师范大学硕士学位论文，2007。

周军：《中国城镇体系研究：综述与展望》，《城市问题》1995

年第 4 期。

周晓艳、韩丽媛、叶信岳、姚丽、王柏源:《基于位序规模法则的我国城市用地规模分布变化研究 (2000 年~2012 年)》,《华中师范大学学报》(自然科学版) 2015 年第 1 期。

周一星:《城市地理学》, 商务印书馆, 1995。

朱顺娟、郑伯红:《从基尼系数看中国城市规模分布的区域差异》,《统计与决策》2014 年第 6 期。

Ades, A. F., Glaeser, E. L., "Trade and Circuses: Explaining Urban Giants", *The Quarterly Journal of Economics*, 1995, 110 (1).

Alonso, V. O., "Large Metropolises in the Third World: An Explanation", *Urban Studies*, 2001, 38 (8).

Alperovich, G., "An Explanatory Model of City-size Distribution: Evidence from Cross-country Data", *Urban Studies*, 1993, 30 (9).

Auerbach, F., "Das Gesetz der Bevolkerungskonzentration", *Peterman's Geographische Itteilungen*, 1913, 49 (1).

Berry, B. J. L., Okulicz-Kozaryn, A., "The City Size Distribution Debate: Resolution for US Urban Regions and Megalopolitan Areas", *Cities*, 2012, 29 (4).

Berry, B. J. L., "City Size Distribution and Economic Development", *Economic Development and Cultural Change*, 1961, 9 (4).

Boskera, M., Brakmanb, S., Garretsena, H., Schramma, M., "A Century of Shocks: The Evolution of the German City Size Distribution 1925–1999", *Regional Science and Urban Economics*, 2008, 38 (4).

Brakman, S., Garretsen, H., Marrewijk, C. V., *An Introduction to Geographical Economics: Trade, Location and Growth*, Cambridge University Press, 2001.

Brakman, S., Garretsen, H., Marrewijk, C. V., Berg, M. V. D., "The Return of Zipf: Towards a Further Understanding of the Rank-

Size Distribution", *Journal of Regional Science*, 1999, 39 (1).

Cuber, D., "Sequential City Growth: Empirical Evidence", *Journal of Urban Economics*, 2011, 69 (2).

Córdoba, J., "A Generalized Gibrat's Law", *International Economic Review*, 2008, 49 (4).

Devadoss, S., Luckstead, J., "Size Distribution of U. S. Lower Tail Cities", *Physica A: Statistical Mechanics and Its Applications*, 2016, 444.

Dobkins, L. H., Ioannides, Y. M., "Spatial Interactions among U. S. Cities: 1990 – 1990", *Regional Science and Urban Economics*, 2001, 31 (6).

Duncan, O. D., Scott, W. R., Lieberson, S., Duncan, B., Winsborough, H. H., *Metropolis and Region*, Johns Hopkins University Press, 1960.

Eaton, J., Eckstein, Z., "Cities and Growth: Theory and Evidence from France and Japan", *Regional Science and Urban Economics*, 1997, 27 (4).

El-Shakhs, S., "Development, Primacy and Systems of Cities", *The Journal of Developing Areas*, 1972, 7 (1).

Ezzahid, E., ElHamdani, O., "Zipf's Law in the Case of Moroccan Cities", *Review Urban & Regional Devel*, 2015, 27 (2).

Fei, J. C. H., Ranis, G., "A Theory of Economic Development", *The American Economic Review*, 1961, 51 (4).

Fujita, M., Krugman, P. R., Venables, A. J., *The Spatial Economy: Cities, Regions and International Trade*, MIT Press, 1999.

Fujita, M., Krugman, P., Mori, T., "On the Evolution of Hierarchical Urban Systems", *European Economic Review*, 1999, 43 (2).

Gabaix, X., "Zipf's Law for Cities: An Explanation", *The Quarterly*

Journal of Economics, 1999, 114 (3).

González-Val, R., Ramos, A., Sanz-Gracia, F., Vera-Cabello, M., "Size Distributions for All Cities: Which One is Best? ", *Papers in Regional Science*, 2015, 94 (1).

Gottmann, J., "Megalopolis or the Urbanization of the Northeastern Seaboard", *Economic Geography*, 1957, 33 (3).

Henderson, J. V., Venables, A. J., "The Dynamics of City Formation", *Review of Economic Dynamics*, 2009, 12 (2).

Hsu, W. T., "Central Place Theory and Zipf's Law", *The Economic Journal*, 2012, 122 (563).

Jefferson, M., "The Law of the Primatecity", *Geographical Review*, 1939, 29 (2).

Krugman, P., "Confronting the Mystery of Urban Hierarchy", *Journal of the Japanese and International Economics*, 1996, 10 (4).

Krugman, P., "Increasing Returns and Economic Geography", *Journal of Political Economy*, 1991, 99 (3).

Lewis, W. A., "Economic Development with Unlimited Supplies of Labour", *The Manchester School*, 1954, 22 (2).

Lotka, A. J. "The Empirical Element in Population Forecasts", *Journal of the American Statistical Association*, 1925, 20.

Madden, C. H., "On Some Indications of Stability in the Growth of Cities in the United States", *Economic Development and Cultural Change*, 1956, 4 (3).

Marshall, J. U., *The Structure of Urban Systems*, University of Toronto Press, 1989.

Martin, P., Rogers, C. A., "Industrial Location and Public Infrastructure", *Journal of International Economics*, 1995, 39 (3).

Mills, E. S., Becker, C. M., *Studies in Indian Urban Development*,

Oxford University Press, 1986.

Mori, T., Fujita, M., "Transport Development and the Evolution of Economic Geography", *Portuguese Economic Journal*, 2005, 4 (2).

Pérez-Campuzanoa, E., Guzmán-Vargasb, L., Angulo-Brownc, F., "Distributions of City Sizes in Mexico during the 20th Century", *Chaos, Solitons and Fractals*, 2015, 73.

Rosen, K. T., Resnick, M., "The Size Distribution of Cities: An Examination of the Pareto Law and Primacy", *Journal of Urban Economics*, 1980, 8 (2).

Soo, K. T., "Zipf's Law Forcities: A Cross-country Investigation", *Regional Science and Urban Economics*, 2005, 35 (3).

Ye, X., *Spatializing Zipf's Law in the Dynamic Context: US Cities 1960-2000*, UCGIS 2006 Conference, 2006.

Zipf, G. K., *Human Behavior and the Principle of Least Effort*, Addison-Wesley, 1949.

Zörnig, P., "Zipf's Law for Randomly Generated Frequencies: Explicit Tests for the Goodness-of-Fit", *Journal of Statistical Computation and Simulation*, 2015, 85 (11).

图书在版编目（CIP）数据

中国省域城市规模体系：多元测度、影响因素与均
衡发展／曹飞著.--北京：社会科学文献出版社，
2022.12

ISBN 978-7-5228-0443-9

Ⅰ.①中… Ⅱ.①曹… Ⅲ.①城市化-研究-中国
Ⅳ.①F299.21

中国版本图书馆 CIP 数据核字（2022）第 131540 号

中国省域城市规模体系：多元测度、影响因素与均衡发展

著　　者／曹　飞

出 版 人／王利民
组稿编辑／恽　薇
责任编辑／冯咏梅
责任印制／王京美

出　　版／社会科学文献出版社·经济与管理分社（010）59367226
　　　　　地址：北京市北三环中路甲 29 号院华龙大厦　邮编：100029
　　　　　网址：www.ssap.com.cn
发　　行／社会科学文献出版社（010）59367028
印　　装／三河市龙林印务有限公司

规　　格／开　本：787mm×1092mm　1/16
　　　　　印　张：13.5　字　数：179 千字
版　　次／2022 年 12 月第 1 版　2022 年 12 月第 1 次印刷
书　　号／ISBN 978-7-5228-0443-9
定　　价／128.00 元

读者服务电话：4008918866